TRANZLATY

El idioma es para todos

ভাষা সবার জন্য

El Manifiesto Comunista

কমিউনিস্ট ইশতেহার

Karl Marx
&
Friedrich Engels

Español / বাংলা

Published by Tranzlaty
Original text by Karl Marx and Friedrich Engels
The Communist Manifesto
First published in 1848
www.tranzlaty.com

Introducción
ভূমিকা

Un fantasma acecha a Europa: el fantasma del comunismo

ইউরোপকে তাড়া করে বেড়াচ্ছে ভূত – কমিউনিজমের ভূত

Todas las potencias de la vieja Europa han entrado en una santa alianza para exorcizar este fantasma

পুরাতন য়ুরোপের সমস্ত শক্তি এই ভূত তাড়ানোর জন্য একটি পবিত্র মৈত্রীবন্ধনে আবদ্ধ হয়েছে

El Papa y el Zar, Metternich y Guizot, los radicales franceses y los espías de la policía alemana

পোপ এবং জার, মেটারনিচ এবং গুইজোট, ফরাসি র‍্যাডিকাল এবং জার্মান পুলিশ-গুপ্তচর

¿Dónde está el partido en la oposición que no ha sido tachado de comunista por sus adversarios en el poder?

কোথায় সেই বিরোধী দল, যাকে ক্ষমতাসীন বিরোধীরা কমিউনিস্ট বলে আখ্যায়িত করেনি?

¿Dónde está la Oposición que no haya devuelto el reproche de marca al comunismo contra los partidos de oposición más avanzados?

কোথায় সেই বিরোধীরা যারা কমিউনিজমের ব্র্যান্ডিং তিরস্কারকে আরও অগ্রসর বিরোধী দলগুলির বিরুদ্ধে ফিরিয়ে দেয়নি?

¿Y dónde está el partido que no ha hecho la acusación contra sus adversarios reaccionarios?

আর কোথায় সেই দল যারা তার প্রতিক্রিয়াশীল প্রতিপক্ষের বিরুদ্ধে অভিযোগ তোলেনি?

Dos cosas resultan de este hecho

এই সত্য থেকে দুটি জিনিস ফলাফল

I. El comunismo es ya reconocido por todas las potencias europeas como una potencia en sí misma

১. কমিউনিজমকে ইতিমধ্যেই সমস্ত ইউরোপীয় শক্তি নিজেই একটি শক্তি বলে স্বীকার করেছে

II. Ya es hora de que los comunistas publiquen abiertamente, a la vista de todo el mundo, sus puntos de vista, sus objetivos y sus tendencias

২. এখন উপযুক্ত সময় কমিউনিস্টদের খোলাখুলিভাবে, সমগ্র বিশ্বের মোকাবেলায়, তাদের মতামত, লক্ষ্য ও প্রবণতা প্রকাশ করা

deben hacer frente a este cuento infantil del Espectro del Comunismo con un Manifiesto del propio partido

কমিউনিজমের স্পেক্টরের এই নার্সারি কাহিনীর সাথে তাদের অবশ্যই পার্টির ইশতেহারের সাথে মিলিত হতে হবে

Con este fin, comunistas de diversas nacionalidades se han reunido en Londres y han esbozado el siguiente Manifiesto

এই লক্ষ্যে বিভিন্ন জাতির কমিউনিস্টরা লন্ডনে সমবেত হয়েছেন এবং নিম্নলিখিত ইশতেহার রচনা করেছেন

El presente manifiesto se publicará en inglés, francés, alemán, italiano, flamenco y danés

এই ইশতেহারটি ইংরেজি, ফরাসি, জার্মান, ইতালিয়ান, ফ্লেমিশ এবং ডেনিশ ভাষায় প্রকাশিত হবে

Y ahora se publicará en todos los idiomas que ofrece Tranzlaty

এবং এখন এটি ট্র্যানজল্যাটি অফার করে এমন সমস্ত ভাষায় প্রকাশিত হবে

La burguesía y los proletarios
বুর্জোয়া ও সর্বহারা

La historia de todas las sociedades existentes hasta ahora es la historia de las luchas de clases

এ যাবৎ বিদ্যমান সকল সমাজের ইতিহাসই শ্রেণী সংগ্রামের ইতিহাস

Hombre libre y esclavo, patricio y plebeyo, señor y siervo, maestro de gremio y oficial

ফ্রিম্যান এবং ক্রীতদাস, প্যাট্রিশিয়ান এবং প্লেবিয়ান, লর্ড এবং সার্ফ, গিল্ড-মাস্টার এবং ভ্রমণকারী

en una palabra, opresor y oprimido

এক কথায় অত্যাচারী ও নিপীড়িত

Estas clases sociales estaban en constante oposición entre sí

এই সামাজিক শ্রেণীগুলি ক্রমাগত একে অপরের বিরুদ্ধে দাঁড়িয়েছিল

Llevaron a cabo una lucha ininterrumpida. Ahora oculto, ahora abierto

তারা নিরবচ্ছিন্ন লড়াই চালিয়ে যায়। এখন লুকানো, এখন খোলা

una lucha que terminó en una reconstitución revolucionaria de la sociedad en general

এমন একটি লড়াই যা বৃহত্তর সমাজের বিপ্লবী পুনর্গঠনে শেষ হয়েছিল

o una lucha que terminó en la ruina común de las clases contendientes

অথবা এমন একটি লড়াই যা প্রতিদ্বন্দ্বী শ্রেণির সাধারণ ধ্বংসের মধ্যে শেষ হয়েছিল

Echemos la vista atrás a las épocas anteriores de la historia

আসুন আমরা ইতিহাসের পূর্ববর্তী যুগের দিকে ফিরে তাকাই

Encontramos casi en todas partes una complicada organización de la sociedad en varios órdenes

আমরা প্রায় সর্বত্রই সমাজের নানা ব্যবস্থার জটিল বিন্যাস দেখতে পাই

Siempre ha habido una múltiple gradación de rango social

বরাবরই সামাজিক পদমর্যাদার বহুমাত্রিক স্তর ছিল

En la antigua Roma tenemos patricios, caballeros, plebeyos, esclavos

প্রাচীন রোমে আমাদের প্যাট্রিশিয়ান, নাইট, প্লেবিয়ান, ক্রীতদাস রয়েছে

en la Edad Media: señores feudales, vasallos, maestros de gremios, oficiales, aprendices, siervos

মধ্যযুগে: সামন্ত প্রভু, ভাসাল, গিল্ড-মাস্টার, ভ্রমণকারী, শিক্ষানবিশ, ভূমিদাস

En casi todas estas clases, de nuevo, las gradaciones subordinadas

এই ক্লাসের প্রায় সবগুলোতেই আবার অধস্তন গ্রেডেশন

La sociedad burguesa moderna ha brotado de las ruinas de la sociedad feudal

আধুনিক বুর্জোয়া সমাজ সামন্ততান্ত্রিক সমাজের ধ্বংসস্তূপ থেকে অঙ্কুরিত হয়েছে

Pero este nuevo orden social no ha eliminado los antagonismos de clase

কিন্তু এই নতুন সমাজব্যবস্থা শ্রেণী বিরোধিতা দূর করতে পারেনি

No ha hecho más que establecer nuevas clases y nuevas condiciones de opresión

এটি কেবল নতুন শ্রেণী এবং নিপীড়নের নতুন শর্ত প্রতিষ্ঠা করেছে

Ha establecido nuevas formas de lucha en lugar de las antiguas

পুরাতনের পরিবর্তে সংগ্রামের নতুন রূপ প্রতিষ্ঠা করেছে

Sin embargo, la época en la que nos encontramos posee un rasgo distintivo

যাইহোক, আমরা নিজেদেরকে যে যুগে খুঁজে পাই তার একটি স্বতন্ত্র বৈশিষ্ট্য রয়েছে

la época de la burguesía ha simplificado los antagonismos de clase

বুর্জোয়াদের যুগ শ্রেণী বিরোধকে সরলীকরণ করেছে

La sociedad en su conjunto se divide cada vez más en dos grandes campos hostiles

সামগ্রিকভাবে সমাজ ক্রমশ দুটি বড় বৈরী শিবিরে বিভক্ত হয়ে পড়ছে

dos grandes clases sociales enfrentadas directamente: la burguesía y el proletariado

দুটি মহান সামাজিক শ্রেণী সরাসরি একে অপরের মুখোমুখি: বুর্জোয়া ও সর্বহারা শ্রেণী

De los siervos de la Edad Media surgieron los burgueses de las primeras ciudades

মধ্যযুগের ভূমিদাস থেকে প্রাচীনতম শহরগুলির চার্টার্ড বার্গার উদ্ভূত হয়েছিল

A partir de estos burgueses se desarrollaron los primeros elementos de la burguesía

এই বার্জেস থেকে বুর্জোয়াদের প্রথম উপাদানগুলি বিকশিত হয়েছিল

El descubrimiento de América y el doblamiento del Cabo

আমেরিকা আবিষ্কার এবং কেপের বৃত্তাকার

estos acontecimientos abrieron un nuevo terreno para la burguesía en ascenso

এই ঘটনাগুলি উদীয়মান বুর্জোয়াদের জন্য নতুন ক্ষেত্র উন্মুক্ত করেছিল

Los mercados de las Indias Orientales y China, la colonización de América, el comercio con las colonias

পূর্ব-ভারতীয় ও চীনা বাজার, আমেরিকার উপনিবেশ, উপনিবেশগুলির সাথে বাণিজ্য

el aumento de los medios de cambio y de las mercancías en general

বিনিময়ের মাধ্যম এবং সাধারণভাবে পণ্যগুলির বৃদ্ধি

Estos acontecimientos dieron al comercio, a la navegación y a la industria un impulso nunca antes conocido

এই ঘটনাগুলি বাণিজ্য, নেভিগেশন এবং শিল্পকে এমন একটি প্রেরণা দিয়েছিল যা আগে কখনও জানা যায়নি

Dio un rápido desarrollo al elemento revolucionario en la tambaleante sociedad feudal

এটি টলমল সামন্ততান্ত্রিক সমাজে বিপ্লবী উপাদানকে দ্রুত বিকাশ দিয়েছে

Los gremios cerrados habían monopolizado el sistema feudal de producción industrial

বদ্ধ গিল্ডগুলি শিল্প উৎপাদনের সামন্ততান্ত্রিক ব্যবস্থায় একচেটিয়া আধিপত্য বিস্তার করেছিল

Pero esto ya no bastaba para satisfacer las crecientes necesidades de los nuevos mercados

কিন্তু নতুন বাজারের ক্রমবর্ধমান চাহিদার জন্য এটি আর যথেষ্ট নয়

El sistema manufacturero sustituyó al sistema feudal de la industria

সামন্ততান্ত্রিক শিল্প ব্যবস্থার জায়গা দখল করে নেয় উৎপাদন ব্যবস্থা
Los maestros de gremio fueron empujados a un lado por la clase media manufacturera
গিল্ড-মাস্টারদের একদিকে ঠেলে দিয়েছিল উৎপাদনকারী মধ্যবিত্ত
La división del trabajo entre los diferentes gremios corporativos desapareció
বিভিন্ন কর্পোরেট গিল্ডের মধ্যে শ্রম বিভাজন অদৃশ্য হয়ে যায়
La división del trabajo penetraba en cada uno de los talleres
প্রতিটি ওয়ার্কশপে শ্রম বিভাজন ঢুকে পড়ে
Mientras tanto, los mercados seguían creciendo y la demanda seguía aumentando
এদিকে, বাজারগুলি ক্রমবর্ধমান হতে থাকে এবং চাহিদা ক্রমবর্ধমান হয়
Ni siquiera las fábricas bastaban para satisfacer las demandas
এমনকি চাহিদা পূরণে কারখানাগুলোও পর্যাপ্ত নয়
A partir de entonces, el vapor y la maquinaria revolucionaron la producción industrial
এরপরে, বাষ্প এবং যন্ত্রপাতি শিল্প উত্পাদনে বিপ্লব ঘটিয়েছিল
El lugar de la manufactura fue ocupado por el gigante, la Industria Moderna
উৎপাদনের জায়গাটি দখল করে নেয় দৈত্য মডার্ন ইন্ডাস্ট্রি
El lugar de la clase media industrial fue ocupado por millonarios industriales
শিল্প মধ্যবিত্তের জায়গা দখল করে নিয়েছে শিল্প কোটিপতিরা
el lugar de los jefes de ejércitos industriales enteros fue ocupado por la burguesía moderna
সমগ্র শিল্প বাহিনীর নেতাদের স্থান আধুনিক বুর্জোয়ারা দখল করে নিয়েছিল
el descubrimiento de América allanó el camino para que la industria moderna estableciera el mercado mundial
আমেরিকা আবিষ্কার আধুনিক শিল্পের জন্য বিশ্ববাজার প্রতিষ্ঠার পথ প্রশস্ত করে
Este mercado dio un inmenso desarrollo al comercio, la navegación y la comunicación por tierra
এই বাজারটি স্থলপথে বাণিজ্য, নেভিগেশন এবং যোগাযোগের ব্যাপক বিকাশ দিয়েছে

Este desarrollo ha repercutido, en su momento, en la extensión de la industria

এই বিকাশ, তার সময়ে, শিল্পের সম্প্রসারণে প্রতিক্রিয়া জানিয়েছে

Reaccionó en proporción a cómo se extendía la industria, y cómo se extendían el comercio, la navegación y los ferrocarriles

এটি শিল্প কীভাবে প্রসারিত হয়েছিল এবং বাণিজ্য, নেভিগেশন এবং রেলপথগুলি কীভাবে প্রসারিত হয়েছিল তার অনুপাতে প্রতিক্রিয়া জানিয়েছিল

en la misma proporción en que la burguesía se desarrolló, aumentó su capital

বুর্জোয়ারা যে অনুপাতে বিকশিত হয়েছিল, একই অনুপাতে তারা তাদের মূলধন বাড়িয়েছিল

y la burguesía relegó a un segundo plano a todas las clases heredadas de la Edad Media

এবং বুর্জোয়ারা মধ্যযুগ থেকে হস্তান্তরিত প্রতিটি শ্রেণীকে পটভূমিতে ঠেলে দেয়

por lo tanto, la burguesía moderna es en sí misma el producto de un largo curso de desarrollo

সুতরাং আধুনিক বুর্জোয়া শ্রেণী নিজেই দীর্ঘ বিকাশের ফসল

Vemos que es una serie de revoluciones en los modos de producción y de intercambio

আমরা দেখতে পাই এটা উৎপাদন পদ্ধতি ও বিনিময়ের ক্ষেত্রে একগুচ্ছ বিপ্লব

Cada paso de la burguesía desarrollista iba acompañado de un avance político correspondiente

প্রতিটি উন্নয়নমূলক বুর্জোয়া পদক্ষেপের সাথে একটি অনুরূপ রাজনৈতিক অগ্রগতি ছিল

Una clase oprimida bajo el dominio de la nobleza feudal

সামন্ততান্ত্রিক আভিজাত্যের প্রভাবাধীন একটি নিপীড়িত শ্রেণি

una asociación armada y autónoma en la comuna medieval

মধ্যযুগীয় কমিউনে একটি সশস্ত্র ও স্ব-শাসিত সমিতি

aquí, una república urbana independiente (como en Italia y Alemania)

এখানে, একটি স্বাধীন নগর প্রজাতন্ত্র (ইতালি এবং জার্মানি হিসাবে)

allí, un "tercer estado" imponible de la monarquía (como en Francia)

সেখানে, রাজতন্ত্রের একটি করযোগ্য "তৃতীয় এস্টেট" (ফ্রান্সের মতো)

posteriormente, en el período de fabricación propiamente dicho

পরবর্তীতে, উৎপাদনের সময়কালে যথাযথ

la burguesía servía a la monarquía semifeudal o a la monarquía absoluta

বুর্জোয়ারা হয় আধা-সামন্ততান্ত্রিক বা পরম রাজতন্ত্রের সেবা করেছিল

o la burguesía actuaba como contrapeso contra la nobleza

অথবা বুর্জোয়ারা আভিজাত্যের বিরুদ্ধে পাল্টা ব্যবস্থা হিসেবে কাজ করেছিল

y, de hecho, la burguesía era una piedra angular de las grandes monarquías en general

এবং, প্রকৃতপক্ষে, বুর্জোয়ারা সাধারণভাবে মহান রাজতন্ত্রগুলির একটি ভিত্তি ছিল

pero la industria moderna y el mercado mundial se establecieron desde entonces

কিন্তু আধুনিক শিল্প এবং বিশ্ব-বাজার তখন থেকেই নিজেকে প্রতিষ্ঠিত করেছিল

y la burguesía ha conquistado para sí el dominio político exclusivo

এবং বুর্জোয়ারা নিজেদের জন্য একচেটিয়া রাজনৈতিক আধিপত্য জয় করেছে

logró esta influencia política a través del Estado representativo moderno

এটি আধুনিক প্রতিনিধিত্ব মূলক রাষ্ট্রের মাধ্যমে এই রাজনৈতিক প্রভাব অর্জন করেছিল

Los ejecutivos del Estado moderno no son más que un comité de gestión

আধুনিক রাষ্ট্রের নির্বাহীরা একটি ব্যবস্থাপনা কমিটি মাত্র।

y manejan los asuntos comunes de toda la burguesía

এবং তারা সমগ্র বুর্জোয়াদের সাধারণ বিষয়গুলি পরিচালনা করে

La burguesía, históricamente, ha desempeñado un papel muy revolucionario

ঐতিহাসিকভাবে বুর্জোয়ারা সবচেয়ে বিপ্লবী ভূমিকা পালন করেছে

Dondequiera que se impuso, puso fin a todas las relaciones feudales, patriarcales e idílicas

যেখানেই এটি আধিপত্য বিস্তার করেছে, সেখানেই সমস্ত সামন্ততান্ত্রিক, পিতৃতান্ত্রিক এবং আরামদায়ক সম্পর্কের অবসান ঘটিয়েছে

Ha roto sin piedad los abigarrados lazos feudales que unían al hombre con sus "superiores naturales"

যে সামন্ততান্ত্রিক বন্ধন মানুষকে তার 'স্বাভাবিক ঊর্ধ্বতনদের' সঙ্গে বেঁধে রেখেছিল, তা করুণভাবে ছিন্নভিন্ন করে দিয়েছে

y no ha dejado ningún nexo entre el hombre y el hombre, más allá del puro interés propio

আর নগ্ন স্বার্থ ছাড়া মানুষে মানুষে আর কোনো যোগসূত্র অবশিষ্ট নেই

Las relaciones del hombre entre sí se han convertido en nada más que un cruel "pago en efectivo"

মানুষের একে অপরের সাথে সম্পর্ক নির্দয় "নগদ অর্থ প্রদান" ছাড়া আর কিছুই নয়

Ha ahogado los éxtasis más celestiales del fervor religioso

এটি ধর্মীয় উন্মাদনার সবচেয়ে স্বর্গীয় উচ্ছ্বাসকে ডুবিয়ে দিয়েছে

ha ahogado el entusiasmo caballeresco y el sentimentalismo filisteo

এতে ডুবে গেছে বীরত্বপূর্ণ উদ্দীপনা ও পলেশতাবাদী আবেগপ্রবণতা

ha ahogado estas cosas en el agua helada del cálculo egoísta

অহংকারী হিসাবের বরফশীতল জলে এই জিনিসগুলিকে ডুবিয়ে দিয়েছে

Ha resuelto el valor personal en valor de cambio

এটি ব্যক্তিগত মূল্যকে বিনিময়যোগ্য মূল্যে সমাধান করেছে

Ha sustituido a las innumerables e imprescriptibles libertades estatutarias

এটি সংখ্যাহীন এবং অনিবার্য চার্টার্ড স্বাধীনতাকে প্রতিস্থাপন করেছে

y ha establecido una libertad única e inconcebible; Libre cambio

এবং এটি একটি একক, বিবেকহীন স্বাধীনতা স্থাপন করেছে; মুক্ত বাণিজ্য

En una palabra, lo ha hecho para la explotación

এক কথায় শোষণের জন্য এটা করেছে

explotación velada por ilusiones religiosas y políticas

ধর্মীয় ও রাজনৈতিক বিভ্রমে ঢাকা শোষণ

explotación velada por una explotación desnuda,
desvergonzada, directa, brutal

নগ্ন, নির্লজ্জ, প্রত্যক্ষ, পাশবিক শোষণের আড়ালে শোষণ

la burguesía ha despojado de la aureola a todas las
ocupaciones anteriormente honradas y veneradas

বুর্জোয়ারা পূর্বের সমস্ত সম্মানিত ও শ্রদ্ধেয় পেশা থেকে হ্যালো
ছিনিয়ে নিয়েছে

el médico, el abogado, el sacerdote, el poeta y el hombre de
ciencia

বৈদ্যবিদ, উকিল, পুরোহিত, কবি এবং বিজ্ঞানের মানুষ

Ha convertido a estos distinguidos trabajadores en sus
trabajadores asalariados

এটি এই বিশিষ্ট শ্রমিকদের তার বেতনভোগী মজুরি শ্রমিকে
রূপান্তরিত করেছে

La burguesía ha rasgado el velo sentimental de la familia

বুর্জোয়ারা পরিবার থেকে আবেগের পর্দা ছিঁড়ে ফেলেছে

y ha reducido la relación familiar a una mera relación
monetaria

এবং এটি পারিবারিক সম্পর্ককে নিছক অর্থের সম্পর্কের মধ্যে হ্রাস
করেছে

el brutal despliegue de vigor en la Edad Media que tanto
admiran los reaccionarios

মধ্যযুগে শক্তির নির্মম প্রদর্শন, যার প্রতিক্রিয়াশীলরা এত প্রশংসা
করে

Aun esto encontró su complemento adecuado en la más
perezosa indolencia

এমনকি এটি সবচেয়ে আলস্য অলসতার মধ্যে তার উপযুক্ত
পরিপূরক খুঁজে পেয়েছিল

La burguesía ha revelado cómo sucedió todo esto

বুর্জোয়ারা প্রকাশ করেছে কিভাবে এই সব ঘটেছিল

La burguesía ha sido la primera en mostrar lo que la
actividad del hombre puede producir

বুর্জোয়ারাই প্রথম দেখিয়েছে মানুষের কার্যকলাপ কী আনতে পারে

Ha logrado maravillas que superan con creces las pirámides
egipcias, los acueductos romanos y las catedrales góticas

এটি মিশরীয় পিরামিড, রোমান জলজ এবং গথিক ক্যাথেড্রালকে
ছাড়িয়ে অনেক বিস্ময়কর কাজ করেছে

y ha llevado a cabo expediciones que han hecho sombra a todos los antiguos Éxodos de naciones y cruzadas
এবং এটি এমন অভিযান পরিচালনা করেছে যা জাতি এবং ক্রুসেডের সমস্ত প্রাক্তন যাত্রাকে ছায়ায় ফেলেছে
La burguesía no puede existir sin revolucionar constantemente los instrumentos de producción
উৎপাদনের হাতিয়ারগুলোর ক্রমাগত বিপ্লব ছাড়া বুর্জোয়াদের অস্তিত্ব থাকতে পারে না
y, por lo tanto, no puede existir sin sus relaciones con la producción
এবং এর ফলে উৎপাদনের সাথে তার সম্পর্ক ছাড়া তার অস্তিত্ব থাকতে পারে না
y, por lo tanto, no puede existir sin sus relaciones con la sociedad
এবং তাই সমাজের সাথে তার সম্পর্ক ছাড়া এর অস্তিত্ব থাকতে পারে না
Todas las clases industriales anteriores tenían una condición en común
পূর্ববর্তী সমস্ত শিল্প শ্রেণির একটি সাধারণ শর্ত ছিল
Confiaban en la conservación de los antiguos modos de producción
তারা পুরানো উত্পাদন পদ্ধতির সংরক্ষণের উপর নির্ভর করেছিল
pero la burguesía trajo consigo una dinámica completamente nueva
কিন্তু বুর্জোয়ারা তার সাথে একটি সম্পূর্ণ নতুন গতিশীলতা নিয়ে এসেছিল
Revolucionar constantemente la producción y perturbar ininterrumpidamente todas las condiciones sociales
উৎপাদনের ক্রমাগত বিপ্লব এবং সকল সামাজিক অবস্থার নিরবচ্ছিন্ন বিপর্যয়
esta eterna incertidumbre y agitación distingue a la época burguesa de todas las anteriores
এই চিরন্তন অনিশ্চয়তা ও আন্দোলন বুর্জোয়া যুগকে পূর্ববর্তী সকল যুগ থেকে পৃথক করে
Las relaciones previas con la producción vinieron acompañadas de antiguos y venerables prejuicios y opiniones

উৎপাদনের সাথে পূর্ববর্তী সম্পর্কগুলি প্রাচীন এবং শ্রদ্ধেয় কুসংস্কার এবং মতামতের সাথে এসেছিল

Pero todas estas relaciones fijas y congeladas son barridas

কিন্তু এই সমস্ত স্থির, দ্রুত-হিমশীতল সম্পর্ক ভেসে গেছে

Todas las relaciones recién formadas se vuelven anticuadas antes de que puedan osificarse

সমস্ত নতুন গঠিত সম্পর্ক অস্থির হওয়ার আগেই প্রাচীন হয়ে যায়

Todo lo que es sólido se derrite en el aire, y todo lo que es santo es profanado

যাহা কিছু কঠিন তাহা বাতাসে গলিয়া যায় এবং যাহা কিছু পবিত্র তাহা অপবিত্র হয়

El hombre se ve finalmente obligado a afrontar con sus sentidos sobrios sus verdaderas condiciones de vida

মানুষ অবশেষে শান্ত ইন্দ্রিয়ের মুখোমুখি হতে বাধ্য হয়, তার জীবনের আসল অবস্থা

y se ve obligado a afrontar sus relaciones con los de su especie

এবং তিনি তার ধরনের সঙ্গে তার সম্পর্ক সম্মুখীন করতে বাধ্য হয়

La burguesía necesita constantemente ampliar sus mercados para sus productos

বুর্জোয়াদের ক্রমাগত তার পণ্যগুলির জন্য তার বাজার প্রসারিত করতে হবে

y, debido a esto, la burguesía es perseguida por toda la superficie del globo

এবং, এই কারণে, বুর্জোয়ারা পৃথিবীর সমস্ত পৃষ্ঠ জুড়ে তাড়া করা হয়

La burguesía debe anidar en todas partes, establecerse en todas partes, establecer conexiones en todas partes

বুর্জোয়াদের সর্বত্র বাসা বাঁধতে হবে, সর্বত্র বসতি স্থাপন করতে হবে, সর্বত্র সংযোগ স্থাপন করতে হবে

La burguesía debe crear mercados en todos los rincones del mundo para explotar

বুর্জোয়াদের শোষণের জন্য বিশ্বের প্রতিটি কোণে বাজার তৈরি করতে হবে

La producción y el consumo en todos los países han adquirido un carácter cosmopolita

প্রতিটি দেশে উৎপাদন ও ভোগকে একটি বিশ্বজনীন চরিত্র দেওয়া হয়েছে

el disgusto de los reaccionarios es palpable, pero ha continuado a pesar de todo
প্রতিক্রিয়াশীলদের বিরক্তি স্পষ্ট, কিন্তু তা অব্যাহত রয়েছে
La burguesía ha sacado de debajo de los pies de la industria el terreno nacional en el que se encontraba
বুর্জোয়ারা শিল্পের পায়ের নিচ থেকে টেনে এনেছে জাতীয় ভূমি যার ওপর তারা দাঁড়িয়েছিল
Todas las industrias nacionales de vieja data han sido destruidas, o están siendo destruidas diariamente
সমস্ত পুরানো প্রতিষ্ঠিত জাতীয় শিল্প ধ্বংস হয়ে গেছে, বা প্রতিদিন ধ্বংস হচ্ছে
Todas las viejas industrias nacionales son desplazadas por las nuevas industrias
সমস্ত পুরানো প্রতিষ্ঠিত জাতীয় শিল্প নতুন শিল্প দ্বারা স্থানচ্যুত হয়
Su introducción se convierte en una cuestión de vida o muerte para todas las naciones civilizadas
তাদের পরিচয় সমস্ত সভ্য জাতির জন্য জীবন-মরণ প্রশ্ন হয়ে দাঁড়ায়
son desalojados por industrias que ya no trabajan con materia prima autóctona
তারা এমন শিল্প দ্বারা স্থানচ্যুত হয় যা আর দেশীয় কাঁচামাল তৈরি করে না
En cambio, estas industrias extraen materias primas de las zonas más remotas
পরিবর্তে, এই শিল্পগুলি প্রত্যন্ত অঞ্চল থেকে কাঁচামাল টেনে আনে
industrias cuyos productos se consumen, no solo en el país, sino en todos los rincones del mundo
যেসব শিল্পের পণ্য শুধু দেশেই নয়, বিশ্বের প্রতিটি প্রান্তিকে ভোগ করা হয়
En lugar de las viejas necesidades, satisfechas por las producciones del país, encontramos nuevas necesidades
পুরনো চাওয়া-পাওয়ার পরিবর্তে দেশের উৎপাদনে তৃপ্ত হয়ে আমরা খুঁজে পাই নতুন চাওয়া-পাওয়া
Estas nuevas necesidades requieren para su satisfacción los productos de tierras y climas lejanos
এই নতুন চাহিদাগুলি তাদের সন্তুষ্টির জন্য দূরবর্তী দেশ এবং জলবায়ুর পণ্য প্রয়োজন

En lugar de la antigua reclusión y autosuficiencia local y nacional, tenemos el comercio

পুরনো স্থানীয় ও জাতীয় বিচ্ছিন্নতা ও স্বয়ংসম্পূর্ণতার পরিবর্তে আমাদের বাণিজ্য রয়েছে

intercambio internacional en todas las direcciones; Interdependencia universal de las naciones

সব দিক থেকে আন্তর্জাতিক বিনিময়; জাতিসমূহের সার্বজনীন আন্তঃনির্ভরশীলতা

Y así como dependemos de los materiales, también dependemos de la producción intelectual

আর আমরা যেমন উপকরণের ওপর নির্ভরশীল, তেমনি বুদ্ধিবৃত্তিক উৎপাদনের ওপর নির্ভরশীল

Las creaciones intelectuales de las naciones individuales se convierten en propiedad común

পৃথক জাতির বুদ্ধিবৃত্তিক সৃষ্টি সাধারণ সম্পত্তিতে পরিণত হয়

La unilateralidad nacional y la estrechez de miras se vuelven cada vez más imposibles

জাতীয় একপেশেতা ও সংকীর্ণতা ক্রমশ অসম্ভব হয়ে উঠছে

y de las numerosas literaturas nacionales y locales, surge una literatura mundial

আর অসংখ্য জাতীয় ও স্থানীয় সাহিত্য থেকে উঠে আসে বিশ্বসাহিত্য

por el rápido perfeccionamiento de todos los instrumentos de producción

উৎপাদনের সমস্ত যন্ত্রের দ্রুত উন্নতির মাধ্যমে

por los medios de comunicación inmensamente facilitados

যোগাযোগের অপরিসীম সুবিধাজনক মাধ্যম দ্বারা

La burguesía atrae a todos (incluso a las naciones más bárbaras) a la civilización

বুর্জোয়ারা সকলকে (এমনকি সবচেয়ে বর্বর জাতিকেও) সভ্যতার দিকে টেনে নেয়

Los precios baratos de sus mercancías; la artillería pesada que derriba todas las murallas chinas

তার পণ্যের সস্তা দাম; ভারী আর্টিলারি যা সমস্ত চীনা দেয়ালকে আঘাত করে

El odio intensamente obstinado de los bárbaros hacia los extranjeros se ve obligado a capitular

বিদেশীদের প্রতি বর্বরদের তীব্র একগুঁয়ে ঘৃণা আত্মসমর্পণ করতে বাধ্য হয়
Obliga a todas las naciones, bajo pena de extinción, a adoptar el modo de producción burgués
এটি বিলুপ্তির যন্ত্রণায় সমস্ত জাতিকে বুর্জোয়া উৎপাদন পদ্ধতি গ্রহণ করতে বাধ্য করে
los obliga a introducir lo que llama civilización en su seno
এটি তাদের মধ্যে সভ্যতা যাকে বলে তা পরিচয় করিয়ে দিতে বাধ্য করে
La burguesía obliga a los bárbaros a convertirse ellos mismos en burgueses
বুর্জোয়ারা বর্বরদের নিজেরাই বুর্জোয়া হতে বাধ্য করে
en una palabra, la burguesía crea un mundo a su imagen y semejanza
এক কথায় বুর্জোয়ারা নিজের ভাবমূর্তির পর একটা জগৎ তৈরি করে
La burguesía ha sometido el campo al dominio de las ciudades
বুর্জোয়ারা গ্রামাঞ্চলকে শহরের শাসনের অধীন করেছে
Ha creado enormes ciudades y ha aumentado considerablemente la población urbana
এটি বিশাল শহর তৈরি করেছে এবং শহুরে জনসংখ্যা ব্যাপকভাবে বৃদ্ধি করেছে
Rescató a una parte considerable de la población de la idiotez de la vida rural
এটি জনসংখ্যার একটি উল্লেখযোগ্য অংশকে গ্রামীণ জীবনের নির্বুদ্ধিতা থেকে উদ্ধার করেছিল
pero ha hecho que los del campo dependan de las ciudades
কিন্তু এটি গ্রামাঞ্চলের লোকদের শহরের উপর নির্ভরশীল করে তুলেছে
y asimismo, ha hecho que los países bárbaros dependan de los civilizados
আর তেমনি বর্বর দেশগুলোকে সভ্যদের মুখাপেক্ষী করে তুলেছে
naciones de campesinos sobre naciones de la burguesía, el Este sobre el Oeste
বুর্জোয়া জাতির উপর কৃষকদের জাতি, পশ্চিমে পূর্ব
La burguesía suprime cada vez más el estado disperso de la población

বুর্জোয়ারা জনগোষ্ঠীর বিক্ষিপ্ত অবস্থা ক্রমশ দূর করে
Ha aglomerado la producción y ha concentrado la propiedad en pocas manos
এর উৎপাদন বৃদ্ধি পেয়েছে এবং কয়েক হাতে সম্পত্তি কেন্দ্রীভূত হয়েছে
La consecuencia necesaria de esto fue la centralización política
এর প্রয়োজনীয় পরিণতি ছিল রাজনৈতিক কেন্দ্রীকরণ
Había habido naciones independientes y provincias poco conectadas
স্বাধীন জাতি এবং আলগাভাবে সংযুক্ত প্রদেশ ছিল
Tenían intereses, leyes, gobiernos y sistemas tributarios separados
তাদের পৃথক স্বার্থ, আইন, সরকার এবং করের ব্যবস্থা ছিল
pero se han agrupado en una sola nación, con un solo gobierno
কিন্তু তারা একত্রিত হয়ে এক জাতিতে পরিণত হয়েছে, এক সরকার রয়েছে
Ahora tienen un interés nacional de clase, una frontera y un arancel aduanero
তাদের এখন একটি জাতীয় শ্রেণি-স্বার্থ, একটি সীমান্ত এবং একটি কাস্টমস-ট্যারিফ রয়েছে
Y este interés nacional de clase está unificado bajo un solo código de leyes
আর এই জাতীয় শ্রেণি-স্বার্থ একটি আইনের কোডের অধীনে একীভূত
la burguesía ha logrado mucho durante su gobierno de apenas cien años
বুর্জোয়ারা তার দুর্লভ একশো বছরের শাসনকালে অনেক কিছু অর্জন করেছে
fuerzas productivas más masivas y colosales que todas las generaciones precedentes juntas
পূর্ববর্তী সমস্ত প্রজন্মের একত্রিত চেয়ে আরও বৃহদায়তন এবং বিশাল উত্পাদন শক্তি
Las fuerzas de la naturaleza están subyugadas a la voluntad del hombre y su maquinaria
প্রকৃতির শক্তি মানুষ ও তার যন্ত্রপাতির ইচ্ছার কাছে পরাধীন

La química se aplica a todas las formas de industria y tipos de agricultura

রসায়ন সব ধরনের শিল্প এবং কৃষি ধরনের প্রয়োগ করা হয়

la navegación a vapor, los ferrocarriles, los telégrafos eléctricos y la imprenta

বাষ্প-নেভিগেশন, রেলপথ, বৈদ্যুতিক টেলিগ্রাফ এবং প্রিন্টিং প্রেস

desbroce de continentes enteros para el cultivo, canalización de ríos

চাষাবাদের জন্য পুরো মহাদেশ সাফ করা, নদী খাল করা

Poblaciones enteras han sido sacadas de la tierra y puestas a trabajar

পুরো জনগোষ্ঠীকে মাটি থেকে বের করে এনে কাজে লাগানো হয়েছে

¿Qué siglo anterior tuvo siquiera un presentimiento de lo que podría desencadenarse?

পূর্ববর্তী শতাব্দীতে কী ঘটতে পারে তার পূর্বাভাস কী ছিল?

¿Quién predijo que tales fuerzas productivas dormitaban en el regazo del trabajo social?

কে ভবিষ্যদ্বাণী করেছিল যে এমন উৎপাদিকা শক্তি সামাজিক শ্রমের কোলে ঘুমিয়ে আছে?

Vemos, pues, que los medios de producción y de intercambio se generaban en la sociedad feudal

তখন আমরা দেখিতে পাই যে, উৎপাদন ও বিনিময়ের উপায়-উপকরণ উৎপন্ন হইয়াছিল সামন্ততান্ত্রিক সমাজে

los medios de producción sobre cuyos cimientos se construyó la burguesía

উৎপাদনের মাধ্যম যার ভিত্তির উপর বুর্জোয়ারা নিজেকে গড়ে তুলেছিল

En una determinada etapa del desarrollo de estos medios de producción y de intercambio

উৎপাদনের এই উপায়সমূহ ও বিনিময়ের বিকাশের এক পর্যায়ে

las condiciones bajo las cuales la sociedad feudal producía e intercambiaba

যে পরিস্থিতিতে সামন্ততান্ত্রিক সমাজ উৎপাদন ও বিনিময় করেছিল

La organización feudal de la agricultura y la industria manufacturera

কৃষি ও উৎপাদন শিল্পের সামন্ততান্ত্রিক সংগঠন

Las relaciones feudales de propiedad ya no eran compatibles con las condiciones materiales

সম্পত্তির সামন্ততান্ত্রিক সম্পর্ক আর বৈষয়িক অবস্থার সাথে সামঞ্জস্যপূর্ণ ছিল না

Tuvieron que ser reventados en pedazos, por lo que fueron reventados en pedazos

তাদের ছিন্নভিন্ন করতে হয়েছিল, তাই তারা ফেটে ফেটে পড়েছিল

En su lugar entró la libre competencia de las fuerzas productivas

তাদের জায়গায় উৎপাদিকা শক্তির অবাধ প্রতিযোগিতা

y fueron acompañadas de una constitución social y política adaptada a ella

এবং তাদের সাথে একটি সামাজিক ও রাজনৈতিক সংবিধান ছিল যা এর সাথে খাপ খাইয়ে নিয়েছিল

y fue acompañado por el dominio económico y político de la burguesía

এবং এর সাথে ছিল বুর্জোয়া শ্রেণীর অর্থনৈতিক ও রাজনৈতিক প্রভাব

Un movimiento similar está ocurriendo ante nuestros propios ojos

আমাদের নিজেদের চোখের সামনেই তেমনই আন্দোলন চলছে

La sociedad burguesa moderna con sus relaciones de producción, de intercambio y de propiedad

আধুনিক বুর্জোয়া সমাজ তার উৎপাদন সম্পর্ক, বিনিময় ও সম্পত্তির সম্পর্ক নিয়ে

una sociedad que ha conjurado medios de producción y de intercambio tan gigantescos

যে সমাজ উৎপাদন ও বিনিময়ের এত বিশাল উপকরণ গড়ে তুলেছে

Es como el hechicero que invocó los poderes del mundo inferior

এ যেন জাদুকরের মতো যিনি পাতালের জগতের শক্তিকে ডেকেছিলেন

Pero ya no es capaz de controlar lo que ha traído al mundo

কিন্তু তিনি পৃথিবীতে যা এনেছেন তা তিনি আর নিয়ন্ত্রণ করতে সক্ষম নন

Durante muchas décadas, la historia pasada estuvo unida por un hilo conductor

বহু দশক ধরে ইতিহাস একটি সাধারণ সুতোয় বাঁধা ছিল

La historia de la industria y del comercio no ha sido más que la historia de las revueltas

শিল্প ও বাণিজ্যের ইতিহাস কিন্তু বিদ্রোহের ইতিহাস

las revueltas de las fuerzas productivas modernas contra las condiciones modernas de producción

আধুনিক উৎপাদন অবস্থার বিরুদ্ধে আধুনিক উৎপাদিকা শক্তির বিদ্রোহ

Las revueltas de las fuerzas productivas modernas contra las relaciones de propiedad

সম্পত্তি সম্পর্কের বিরুদ্ধে আধুনিক উৎপাদিকা শক্তির বিদ্রোহ

estas relaciones de propiedad son las condiciones para la existencia de la burguesía

এই সম্পত্তি সম্পর্কই বুর্জোয়াদের অস্তিত্বের শর্ত

y la existencia de la burguesía determina las reglas de las relaciones de propiedad

এবং বুর্জোয়া অস্তিত্ব সম্পত্তি সম্পর্ক জন্য নিয়ম নির্ধারণ করে

Baste mencionar el retorno periódico de las crisis comerciales

বাণিজ্যিক সংকটের পর্যায়ক্রমিক প্রত্যাবর্তনের কথা উল্লেখ করাই যথেষ্ট

cada crisis comercial es más amenazante para la sociedad burguesa que la anterior

প্রতিটি বাণিজ্যিক সংকট বুর্জোয়া সমাজের জন্য গতবারের চেয়ে বেশি হুমকিস্বরূপ

En estas crisis se destruye gran parte de los productos existentes

এসব সংকটে বিদ্যমান পণ্যের একটি বড় অংশ ধ্বংস হয়ে যায়

Pero estas crisis también destruyen las fuerzas productivas previamente creadas

কিন্তু এসব সংকট পূর্বের সৃষ্ট উৎপাদিকা শক্তিকেও ধ্বংস করে দেয়

En todas las épocas anteriores, estas epidemias habrían parecido un absurdo

পূর্ববর্তী সমস্ত যুগে এই মহামারীগুলি একটি অযৌক্তিক বলে মনে হত

porque estas epidemias son las crisis comerciales de la sobreproducción

কারণ এসব মহামারি অতি উৎপাদনের বাণিজ্যিক সংকট

De repente, la sociedad se encuentra de nuevo en un estado de barbarie momentánea

সমাজ হঠাৎ করেই নিজেকে সাময়িক বর্বরতার অবস্থায় ফেলে দেয়

como si una guerra universal de devastación hubiera cortado todos los medios de subsistencia

যেন এক সর্বজনীন ধ্বংসযজ্ঞের যুদ্ধ জীবিকার সমস্ত উপায় বন্ধ করে দিয়েছে

la industria y el comercio parecen haber sido destruidos; ¿Y por qué?

শিল্প ও বাণিজ্য ধ্বংস হয়ে গেছে বলে মনে হয়; আর কেন?

Porque hay demasiada civilización y medios de subsistencia

কারণ সেখানে জীবিকা নির্বাহের সভ্যতা ও উপকরণের আধিক্য রয়েছে

y porque hay demasiada industria y demasiado comercio

এবং কারণ সেখানে খুব বেশি শিল্প এবং খুব বেশি বাণিজ্য রয়েছে

Las fuerzas productivas a disposición de la sociedad ya no desarrollan la propiedad burguesa

সমাজের নিষ্পত্তিতে উৎপাদিকা শক্তি আর বুর্জোয়া সম্পত্তির বিকাশ ঘটায় না

por el contrario, se han vuelto demasiado poderosos para estas condiciones, por las cuales están encadenados

পক্ষান্তরে, তারা এই অবস্থার জন্য খুব শক্তিশালী হয়ে উঠেছে, যার দ্বারা তারা বেঁধে রাখা হয়

tan pronto como superan estas cadenas, traen el desorden a toda la sociedad burguesa

যখনই তারা এই বন্ধনগুলি অতিক্রম করে, তারা সমগ্র বুর্জোয়া সমাজে বিশৃঙ্খলা ডেকে আনে

y las fuerzas productivas ponen en peligro la existencia de la propiedad burguesa

এবং উৎপাদিকা শক্তি বুর্জোয়া সম্পত্তির অস্তিত্বকে বিপন্ন করে

Las condiciones de la sociedad burguesa son demasiado estrechas para abarcar la riqueza creada por ellas

বুর্জোয়া সমাজের অবস্থা এতই সংকীর্ণ যে তাদের সৃষ্ট সম্পদ গঠন করা সম্ভব নয়

¿Y cómo supera la burguesía estas crisis?

আর বুর্জোয়ারা এসব সংকট কাটিয়ে উঠবে কীভাবে?

Por un lado, supera estas crisis mediante la destrucción forzada de una masa de fuerzas productivas
একদিকে, এটি উত্পাদিকা শক্তির একটি ভরকে জোরপূর্বক ধ্বংস করে এই সংকটগুলি কাটিয়ে ওঠে
por otro lado, supera estas crisis mediante la conquista de nuevos mercados
অন্যদিকে, এটি নতুন বাজার বিজয়ের মাধ্যমে এই সংকটগুলি কাটিয়ে ওঠে
y supera estas crisis mediante la explotación más completa de las viejas fuerzas productivas
এবং পুরাতন উৎপাদন শক্তির অধিকতর পুঙ্খানুপুঙ্খ শোষণের মাধ্যমে সে এসব সংকট কাটিয়ে ওঠে
Es decir, allanando el camino para crisis más extensas y destructivas
অর্থাৎ, আরও বিস্তৃত এবং আরও ধ্বংসাত্মক সংকটের পথ প্রশস্ত করে
supera la crisis disminuyendo los medios para prevenir las crisis
সংকট প্রতিরোধের উপায় হ্রাস করে সংকট কাটিয়ে ওঠে
Las armas con las que la burguesía derribó el feudalismo se vuelven ahora contra sí misma
যে অস্ত্র দিয়ে বুর্জোয়ারা সামন্ততন্ত্রকে মাটিতে মিশিয়ে দিয়েছিল, সেই অস্ত্র এখন নিজের বিরুদ্ধেই চলে গেছে
Pero la burguesía no sólo ha forjado las armas que le dan la muerte
কিন্তু বুর্জোয়ারা শুধু সেই অস্ত্রই তৈরি করেনি যা নিজের মৃত্যু ডেকে আনে
También ha llamado a la existencia a los hombres que han de empuñar esas armas
এটি সেই অস্ত্রগুলি চালানোর জন্য পুরুষদেরও অস্তিত্বের আহ্বান জানিয়েছে
Y estos hombres son la clase obrera moderna; Son los proletarios
আর এরাই আধুনিক শ্রমিক শ্রেণী; এরাই সর্বহারা
En la misma proporción en que se desarrolla la burguesía, en la misma proporción se desarrolla el proletariado

যে অনুপাতে বুর্জোয়া শ্রেণি বিকশিত হয়, সেই অনুপাতে প্রলেতারিয়েত বিকশিত হয়

La clase obrera moderna desarrolló una clase de trabajadores

আধুনিক শ্রমিক শ্রেণি শ্রমিকদের একটি শ্রেণি গড়ে তুলেছিল

Esta clase de obreros vive sólo mientras encuentran trabajo

এই শ্রেণীর শ্রমিকরা ততক্ষণই বাঁচে যতক্ষণ তারা কাজ পায়

y sólo encuentran trabajo mientras su trabajo aumenta el capital

এবং তারা ততক্ষণই কাজ খুঁজে পায় যতক্ষণ তাদের শ্রম মূলধন বৃদ্ধি করে

Estos obreros, que deben venderse a destajo, son una mercancía

এই শ্রমিকরা, যাদের নিজেদের টুকরো টুকরো করে বিক্রি করতে হয়, তারা একটি পণ্য

Estos obreros son como cualquier otro artículo de comercio

এই শ্রমিকরা বাণিজ্যের অন্যান্য জিনিসপত্রের মতোই

y, en consecuencia, están expuestos a todas las vicisitudes de la competencia

এবং ফলস্বরূপ তারা প্রতিযোগিতার সমস্ত উত্থান-পতনের মুখোমুখি হয়

Tienen que capear todas las fluctuaciones del mercado

বাজারের সব ওঠানামা তাদের মোকাবেলা করতে হবে

Debido al uso extensivo de maquinaria y a la división del trabajo

যন্ত্রপাতির ব্যাপক ব্যবহার এবং শ্রম বিভাজনের কারণে

El trabajo de los proletarios ha perdido todo carácter individual

প্রলেতারিয়েতদের কাজ সমস্ত স্বতন্ত্র চরিত্র হারিয়েছে

y, en consecuencia, el trabajo de los proletarios ha perdido todo encanto para el obrero

আর ফলস্বরূপ প্রলেতারিয়েতদের কাজ শ্রমিকের প্রতি সমস্ত আকর্ষণ হারিয়েছে

Se convierte en un apéndice de la máquina, en lugar del hombre que una vez fue

তিনি একসময় যে মানুষ ছিলেন তার পরিবর্তে তিনি মেশিনের একটি উপাঙ্গ হয়ে ওঠেন

Sólo se requiere de él la habilidad más simple, monótona y más fácil de adquirir

কেবল সবচেয়ে সহজ, একঘেয়ে এবং সবচেয়ে সহজে অর্জিত নৈপুণ্য তার কাছ থেকে প্রয়োজন

Por lo tanto, el costo de producción de un trabajador está restringido

অতএব, একজন শ্রমিকের উৎপাদন খরচ সীমাবদ্ধ

se restringe casi por completo a los medios de subsistencia que necesita para su manutención

এটি তার ভরণপোষণের জন্য প্রয়োজনীয় জীবিকা নির্বাহের উপকরণের মধ্যে প্রায় সম্পূর্ণরূপে সীমাবদ্ধ

y se restringe a los medios de subsistencia que necesita para la propagación de su raza

এবং তার বংশের বংশ বিস্তারের জন্য যে জীবিকা নির্বাহের উপকরণ প্রয়োজন তা সীমাবদ্ধ

Pero el precio de una mercancía, y por lo tanto también del trabajo, es igual a su costo de producción

কিন্তু একটি পণ্যের দাম, এবং সেইজন্য শ্রমেরও, তার উৎপাদন খরচের সমান

Por lo tanto, a medida que aumenta la repulsividad del trabajo, disminuye el salario

অনুপাতে তাই কাজের বিতৃষ্ণা যত বাড়ে, মজুরি তত কমে যায়

Es más, la repulsión de su obra aumenta a un ritmo aún mayor

বরং তার কাজের ঘৃণা আরও বেশি হারে বৃদ্ধি পায়

A medida que aumenta el uso de maquinaria y la división del trabajo, también lo hace la carga del trabajo

যন্ত্রপাতির ব্যবহার ও শ্রম বিভাজন যত বাড়ে, পরিশ্রমের বোঝাও তত বাড়ে

La carga del trabajo se incrementa con la prolongación de las horas de trabajo

কাজের সময় দীর্ঘায়িত করে পরিশ্রমের বোঝা বৃদ্ধি পায়

Se espera más del obrero en el mismo tiempo que antes

আগের মতো একই সময়ে শ্রমিকের কাছ থেকে আরও বেশি আশা করা যায়

Y, por supuesto, la carga del trabajo aumenta por la velocidad de la maquinaria

এবং অবশ্যই যন্ত্রপাতির গতি দ্বারা পরিশ্রমের বোঝা বৃদ্ধি পায়
La industria moderna ha convertido el pequeño taller del amo patriarcal en la gran fábrica del capitalista industrial
আধুনিক শিল্প পিতৃতান্ত্রিক প্রভুর ক্ষুদ্র কর্মশালাকে শিল্প পুঁজিপতির মহাকারখানায় রূপান্তরিত করেছে
Las masas de obreros, hacinados en la fábrica, están organizadas como soldados
কারখানায় ভিড় করা শ্রমিকরা সৈনিকের মতো সংগঠিত
Como soldados rasos del ejército industrial están bajo el mando de una jerarquía perfecta de oficiales y sargentos
শিল্প সেনাবাহিনীর প্রাইভেট হিসাবে তাদের অফিসার এবং সার্জেন্টদের একটি নিখুঁত শ্রেণিবিন্যাসের কমান্ডের অধীনে রাখা হয়
no sólo son esclavos de la burguesía y del Estado
তারা শুধু বুর্জোয়া শ্রেণি ও রাষ্ট্রের দাস নয়
pero también son esclavizados diariamente y cada hora por la máquina
কিন্তু তারাও প্রতিদিন এবং প্রতি ঘন্টায় যন্ত্রের দাসত্বে আবদ্ধ হয়
están esclavizados por el vigilante y, sobre todo, por el propio fabricante burgués
তারা উপরোক্ষ দর্শকের দাসত্বে আবদ্ধ, এবং সর্বোপরি স্বয়ং বুর্জোয়া প্রস্তুতকারকের দ্বারা
Cuanto más abiertamente proclama este despotismo que la ganancia es su fin y su fin, tanto más mezquino, más odioso y más amargo es
এই স্বৈরাচার যত বেশি প্রকাশ্যে লাভকে তার শেষ ও লক্ষ্য বলে ঘোষণা করে, তত বেশি ক্ষুদ্র, আরও ঘৃণ্য এবং আরও তিক্ত হয়
Cuanto más se desarrolla la industria moderna, menores son las diferencias entre los sexos
যত বেশি আধুনিক শিল্প বিকশিত হয়, লিঙ্গগুলির মধ্যে পার্থক্য তত কম হয়
Cuanto menor es la habilidad y el ejercicio de la fuerza implícitos en el trabajo manual, tanto más el trabajo de los hombres es reemplazado por el de las mujeres
কায়িক শ্রমে নিহিত দক্ষতা এবং শক্তির পরিশ্রম যত কম হয়, পুরুষের শ্রম তত বেশি নারীর দ্বারা ছাড়িয়ে যায়
Las diferencias de edad y sexo ya no tienen ninguna validez social distintiva para la clase obrera

শ্রমিক শ্রেণির কাছে বয়স ও লিঙ্গের পার্থক্যের আর কোনো স্বতন্ত্র সামাজিক বৈধতা নেই

Todos son instrumentos de trabajo, más o menos costosos de usar, según su edad y sexo

সবগুলোই শ্রমের উপকরণ, বয়স ও লিঙ্গ অনুযায়ী ব্যবহার করা কমবেশি ব্যয়বহুল

tan pronto como el obrero recibe su salario en efectivo, es atacado por las otras partes de la burguesía

শ্রমিক নগদ মজুরি পেলেই বুর্জোয়াদের অন্যান্য অংশ তার উপর চাপিয়ে দেয়

el propietario, el tendero, el prestamista, etc

বাড়িওয়ালা, দোকানদার, বন্ধকী দালাল ইত্যাদি

Los estratos más bajos de la clase media; los pequeños comerciantes y tenderos

মধ্যবিত্তের নিম্ন স্তর; ক্ষুদ্র ব্যবসায়ী ও দোকানদার

los comerciantes jubilados en general, y los artesanos y campesinos

অবসরপ্রাপ্ত ব্যবসায়ী সাধারণত, এবং হস্তশিল্পী ও কৃষক

todo esto se hunde poco a poco en el proletariado

এসবই ধীরে ধীরে প্রলেতারিয়েতের মধ্যে ডুবে যায়

en parte porque su minúsculo capital no basta para la escala en que se desarrolla la industria moderna

আংশিক কারণ আধুনিক শিল্প যে মাত্রায় পরিচালিত হয় তার জন্য তাদের ক্ষুদ্র মূলধন যথেষ্ট নয়

y porque está inundada en la competencia con los grandes capitalistas

এবং কারণ এটি বড় পুঁজিপতিদের সাথে প্রতিযোগিতায় ডুবে গেছে

en parte porque sus habilidades especializadas se vuelven inútiles por los nuevos métodos de producción

আংশিক কারণ তাদের বিশেষ দক্ষতা উৎপাদনের নতুন পদ্ধতির দ্বারা মূল্যহীন হয়ে পড়েছে

De este modo, el proletariado es reclutado entre todas las clases de la población

এভাবে প্রলেতারিয়েত নিয়োগ করা হয় সকল শ্রেণীর জনগোষ্ঠী থেকে

El proletariado pasa por varias etapas de desarrollo

প্রলেতারিয়েত বিকাশের বিভিন্ন ধাপ অতিক্রম করে

Con su nacimiento comienza su lucha con la burguesía

এর জন্মের সাথে সাথে বুর্জোয়াদের সাথে তার সংগ্রাম শুরু হয়

Al principio, la contienda es llevada a cabo por trabajadores individuales

প্রথমে প্রতিযোগিতাটি পৃথক শ্রমিকদের দ্বারা পরিচালিত হয়

Entonces el concurso es llevado a cabo por los obreros de una fábrica

তারপরে প্রতিযোগিতাটি একটি কারখানার শ্রমিকদের দ্বারা পরিচালিত হয়

Entonces la contienda es llevada a cabo por los operarios de un oficio, en una localidad

তারপর প্রতিযোগিতা চালায় এক ট্রেডের অপারেটিভদের দ্বারা, এক লোকালয়ে

y la contienda es entonces contra la burguesía individual que los explota directamente

এবং প্রতিযোগিতা তখন ব্যক্তি বুর্জোয়াদের বিরুদ্ধে যারা সরাসরি তাদের শোষণ করে

No dirigen sus ataques contra las condiciones de producción de la burguesía

তারা তাদের আক্রমণ পরিচালনা করে উৎপাদনের বুর্জোয়া অবস্থার বিরুদ্ধে নয়

pero dirigen su ataque contra los propios instrumentos de producción

কিন্তু তারা নিজেরাই উৎপাদনের হাতিয়ারগুলোর বিরুদ্ধে তাদের আক্রমণ পরিচালনা করে

destruyen mercancías importadas que compiten con su mano de obra

তারা তাদের শ্রমের সাথে প্রতিযোগিতা করে এমন আমদানি করা পণ্যগুলি ধ্বংস করে

Hacen pedazos la maquinaria y prenden fuego a las fábricas

তারা যন্ত্রপাতি ভেঙে টুকরো টুকরো করে কারখানায় আগুন ধরিয়ে দেয়

tratan de restaurar por la fuerza el estado desaparecido del obrero de la Edad Media

তারা বলপূর্বক মধ্যযুগের শ্রমিকের বিলুপ্ত অবস্থা পুনরুদ্ধার করতে চায়

En esta etapa, los obreros forman todavía una masa incoherente dispersa por todo el país

এই পর্যায়ে শ্রমিকরা এখনও সারা দেশে ছড়িয়ে ছিটিয়ে থাকা একটি অসংলগ্ন জনগোষ্ঠী গঠন করে

y se rompen por su mutua competencia

এবং তারা তাদের পারস্পরিক প্রতিযোগিতা দ্বারা বিভক্ত হয়

Si en alguna parte se unen para formar cuerpos más compactos, esto no es todavía la consecuencia de su propia unión activa

কোথাও যদি তারা ঐক্যবদ্ধ হয়ে আরও সুসংহত সংস্থা গঠন করে, তবে এটি এখনও তাদের নিজস্ব সক্রিয় মিলনের পরিণতি নয়

pero es una consecuencia de la unión de la burguesía, para alcanzar sus propios fines políticos

কিন্তু এটা বুর্জোয়াদের মিলনের পরিণতি, তার নিজস্ব রাজনৈতিক লক্ষ্য অর্জন করা

la burguesía se ve obligada a poner en movimiento a todo el proletariado

বুর্জোয়ারা সমগ্র প্রলেতারিয়েতকে গতিশীল করতে বাধ্য হয়

y además, por un momento, la burguesía es capaz de hacerlo

এবং অধিকন্তু, কিছু সময়ের জন্য, বুর্জোয়ারা তা করতে সক্ষম

Por lo tanto, en esta etapa, los proletarios no luchan contra sus enemigos

এই পর্যায়ে, তাই, সর্বহারারা তাদের শত্রুদের সাথে লড়াই করে না

sino que están luchando contra los enemigos de sus enemigos

কিন্তু এর পরিবর্তে তারা তাদের শত্রুদের শত্রুদের বিরুদ্ধে লড়াই করছে

la lucha contra los restos de la monarquía absoluta y los terratenientes

পরম রাজতন্ত্র এবং জমির মালিকদের অবশিষ্টাংশের লড়াই

luchan contra la burguesía no industrial; la pequeña burguesía

তারা অ-শিল্প বুর্জোয়াদের বিরুদ্ধে লড়াই করে; পেটি বুর্জোয়া

De este modo, todo el movimiento histórico se concentra en manos de la burguesía

এভাবে সমগ্র ঐতিহাসিক আন্দোলন বুর্জোয়াদের হাতে কেন্দ্রীভূত

cada victoria así obtenida es una victoria para la burguesía

এভাবে অর্জিত প্রতিটি বিজয়ই বুর্জোয়াদের বিজয়

Pero con el desarrollo de la industria, el proletariado no sólo aumenta en número

কিন্তু শিল্পের বিকাশের সঙ্গে সঙ্গে প্রলেতারিয়েত শুধু সংখ্যাতেই বাড়ে না

el proletariado se concentra en grandes masas y su fuerza crece

সর্বহারা শ্রেণী বৃহত্তর জনগোষ্ঠীতে কেন্দ্রীভূত হয় এবং তার শক্তি বৃদ্ধি পায়

y el proletariado siente cada vez más esa fuerza

এবং সর্বহারা শ্রেণী সেই শক্তি আরও বেশি করে অনুভব করে

Los diversos intereses y condiciones de vida en las filas del proletariado se igualan cada vez más

প্রলেতারিয়েতের সারির মধ্যে জীবনের বিভিন্ন স্বার্থ ও শর্ত ক্রমশ সমান হয়ে উঠছে

se vuelven más proporcionales a medida que la maquinaria borra todas las distinciones de trabajo

যন্ত্রপাতি শ্রমের সমস্ত বৈষম্য মুছে ফেলার সাথে সাথে তারা আরও অনুপাতে হয়ে ওঠে

y la maquinaria reduce los salarios al mismo nivel bajo en casi todas partes

এবং যন্ত্রপাতি প্রায় সর্বত্র একই নিম্ন স্তরে মজুরি হ্রাস করে

La creciente competencia entre la burguesía, y las crisis comerciales resultantes, hacen que los salarios de los obreros sean cada vez más fluctuantes

বুর্জোয়াদের মধ্যে ক্রমবর্ধমান প্রতিযোগিতা এবং তার ফলে সৃষ্ট বাণিজ্যিক সংকট শ্রমিকদের মজুরিকে আরও বেশি ওঠানামা করে তোলে

La mejora incesante de la maquinaria, que se desarrolla cada vez más rápidamente, hace que sus medios de vida sean cada vez más precarios

যন্ত্রপাতির ক্রমাগত উন্নতি, যা ক্রমশ দ্রুত বিকশিত হচ্ছে, তা তাদের জীবিকাকে আরও বেশি অনিশ্চিত করে তুলছে

los choques entre obreros individuales y burgueses individuales toman cada vez más el carácter de choques entre dos clases

ব্যক্তি শ্রমিক এবং ব্যক্তি বুর্জোয়াদের মধ্যে সংঘর্ষ দুটি শ্রেণীর মধ্যে সংঘর্ষের চরিত্র আরও বেশি করে গ্রহণ করে

A partir de ese momento, los obreros comienzan a formar uniones (sindicatos) contra la burguesía

তখন শ্রমিকরা বুর্জোয়াদের বিরুদ্ধে জোট গঠন (ট্রেড ইউনিয়ন) গঠন করতে শুরু করে

se agrupan para mantener el ritmo de los salarios

মজুরির হার বজায় রাখার জন্য তারা একত্রিত হয়

Fundaron asociaciones permanentes para hacer frente de antemano a estas revueltas ocasionales

তারা এই মাঝে মাঝে বিদ্রোহের জন্য আগে থেকেই ব্যবস্থা করার জন্য স্থায়ী সমিতি খুঁজে পেয়েছিল

Aquí y allá la contienda estalla en disturbios

এখানে সেখানে প্রতিযোগিতা দাঙ্গায় রূপ নেয়

De vez en cuando los obreros salen victoriosos, pero sólo por un tiempo

মাঝে মাঝে শ্রমিকরা বিজয়ী হয়, তবে তা কেবল কিছু সময়ের জন্য

El verdadero fruto de sus batallas no reside en el resultado inmediato, sino en la unión cada vez mayor de los trabajadores

তাদের লড়াইয়ের আসল ফল নিহিত আছে তাৎক্ষণিক ফলাফলে নয়, শ্রমিকদের সদা প্রসারিত মিলনের মধ্যে

Esta unión se ve favorecida por la mejora de los medios de comunicación creados por la industria moderna

এই ইউনিয়ন আধুনিক শিল্প দ্বারা নির্মিত যোগাযোগের উন্নত মাধ্যম দ্বারা সাহায্য করা হয়

La comunicación moderna pone en contacto a los trabajadores de diferentes localidades

আধুনিক যোগাযোগ ব্যবস্থা বিভিন্ন এলাকার শ্রমিকদের একে অপরের সংস্পর্শে নিয়ে আসে

Era precisamente este contacto el que se necesitaba para centralizar las numerosas luchas locales en una lucha nacional entre clases

অসংখ্য স্থানীয় সংগ্রামকে শ্রেণীগুলির মধ্যে একটি জাতীয় সংগ্রামে কেন্দ্রীভূত করার জন্য কেবল এই যোগাযোগের প্রয়োজন ছিল

Todas estas luchas tienen el mismo carácter, y toda lucha de clases es una lucha política

এই সমস্ত সংগ্রাম একই চরিত্রের, এবং প্রত্যেকটা শ্রেণী-সংগ্রামই হল রাজনৈতিক সংগ্রাম

los burgueses de la Edad Media, con sus miserables carreteras, necesitaron siglos para formar sus uniones

মধ্যযুগের বার্গাররা, তাদের দুঃখজনক মহাসড়ক সহ, তাদের ইউনিয়ন গঠনের জন্য কয়েক শতাব্দী প্রয়োজন

Los proletarios modernos, gracias a los ferrocarriles, logran sus sindicatos en pocos años

আধুনিক প্রলেতারিয়েতরা, রেলওয়েকে ধন্যবাদ, কয়েক বছরের মধ্যে তাদের ইউনিয়ন অর্জন করে

Esta organización de los proletarios en una clase los formó, por consiguiente, en un partido político

প্রলেতারিয়েতদের এই শ্রেণীতে সংগঠিত করার ফলে তারা একটি রাজনৈতিক পার্টিতে পরিণত হয়

La clase política se ve continuamente molesta por la competencia entre los propios trabajadores

শ্রমিকদের নিজেদের মধ্যে প্রতিযোগিতায় রাজনৈতিক শ্রেণি ক্রমাগত বিপর্যস্ত হচ্ছে

Pero la clase política sigue levantándose de nuevo, más fuerte, más firme, más poderosa

কিন্তু রাজনৈতিক শ্রেণি আবার উঠে দাঁড়াচ্ছে, আরও শক্তিশালী, দৃঢ়, শক্তিশালী

Obliga al reconocimiento legislativo de los intereses particulares de los trabajadores

এটি শ্রমিকদের বিশেষ স্বার্থের আইনী স্বীকৃতিকে বাধ্য করে

lo hace aprovechándose de las divisiones en el seno de la propia burguesía

এটা করে খোদ বুর্জোয়াদের মধ্যে বিভাজনের সুযোগ নিয়ে

De este modo, el proyecto de ley de las diez horas en Inglaterra se convirtió en ley

এভাবে ইংল্যান্ডে দশ ঘণ্টার বিলটি আইনে পরিণত হয়

en muchos sentidos, las colisiones entre las clases de la vieja sociedad son, además, el curso del desarrollo del proletariado

নানাভাবে পুরাতন সমাজের শ্রেণীসমূহের মধ্যে সংঘর্ষ সর্বহারা শ্রেণীর বিকাশের ধারা

La burguesía se ve envuelta en una batalla constante

বুর্জোয়ারা নিজেকে নিরন্তর লড়াইয়ে জড়িয়ে পড়ে

Al principio se verá envuelto en una batalla constante con la aristocracia

প্রথমে এটি অভিজাতদের সাথে নিরন্তর লড়াইয়ে নিজেকে জড়িত দেখতে পাবে

más tarde se verá envuelta en una batalla constante con esas partes de la propia burguesía

পরবর্তীকালে সে নিজেকেই বুর্জোয়াদের ঐ অংশগুলির সাথে নিরন্তর যুদ্ধে জড়িয়ে পড়বে

y sus intereses se habrán vuelto antagónicos al progreso de la industria

এবং তাদের স্বার্থ শিল্পের অগ্রগতির প্রতিকূল হয়ে উঠবে

en todo momento, sus intereses se habrán vuelto antagónicos con la burguesía de los países extranjeros

সব সময় তাদের স্বার্থ বিদেশের বুর্জোয়াদের কাছে বৈরী হয়ে উঠবে

En todas estas batallas se ve obligado a apelar al proletariado y pide su ayuda

এই সমস্ত লড়াইয়ে সে নিজেকে সর্বহারা শ্রেণীর কাছে আবেদন করতে বাধ্য বলে মনে করে এবং তার সাহায্য চায়

y, por lo tanto, se sentirá obligado a arrastrarlo a la arena política

আর এভাবেই তাকে রাজনৈতিক পরিধিতে টেনে আনতে বাধ্য হবে

La burguesía misma, por lo tanto, suministra al proletariado sus propios instrumentos de educación política y general

বুর্জোয়া শ্রেণী তাই প্রলেতারিয়েতকে তার নিজস্ব রাজনৈতিক ও সাধারণ শিক্ষার হাতিয়ার সরবরাহ করে

en otras palabras, suministra al proletariado armas para luchar contra la burguesía

অন্য কথায়, এটি সর্বহারা শ্রেণীকে বুর্জোয়াদের বিরুদ্ধে লড়াই করার জন্য অস্ত্র সরবরাহ করে

Además, como ya hemos visto, sectores enteros de las clases dominantes se precipitan en el proletariado

অধিকন্তু, যেমনটি আমরা ইতিমধ্যেই দেখেছি, শাসক শ্রেণীর সমগ্র অংশই সর্বহারা শ্রেণীতে ঢুকে পড়েছে

el avance de la industria los absorbe en el proletariado

শিল্পের অগ্রযাত্রা তাদের সর্বহারা শ্রেণীতে টেনে নেয়

o, al menos, están amenazados en sus condiciones de existencia

অথবা, অন্তত, তারা তাদের অস্তিত্বের শর্তে হুমকির সম্মুখীন হয়

Estos también suministran al proletariado nuevos elementos de ilustración y progreso

এগুলি সর্বহারা শ্রেণীকে জ্ঞান ও প্রগতির নতুন উপাদান সরবরাহ করে

Finalmente, en momentos en que la lucha de clases se acerca a la hora decisiva

অবশেষে, এমন সময়ে যখন শ্রেণীসংগ্রাম নির্ণায়ক সময়ের কাছাকাছি

el proceso de disolución que se está llevando a cabo en el seno de la clase dominante

শাসক শ্রেণীর অভ্যন্তরে চলছে বিলুপ্তির প্রক্রিয়া

De hecho, la disolución que se está produciendo en el seno de la clase dominante se sentirá en toda la sociedad

বস্তুত শাসক শ্রেণীর অভ্যন্তরে যে বিলুপ্তি চলছে তা সমাজের সর্বস্তরের মধ্যেই অনুভূত হবে

Tomará un carácter tan violento y deslumbrante, que un pequeño sector de la clase dominante se quedará a la deriva

এটি এমন হিংস্র, স্পষ্ট চরিত্র ধারণ করবে যে শাসক শ্রেণীর একটি ক্ষুদ্র অংশ নিজেকে বিচ্ছিন্ন করে ফেলবে

y esa clase dominante se unirá a la clase revolucionaria

আর সেই শাসক শ্রেণী বিপ্লবী শ্রেণীতে যোগ দেবে

La clase revolucionaria es la clase que tiene el futuro en sus manos

বিপ্লবী শ্রেণী হচ্ছে সেই শ্রেণী যা ভবিষ্যৎকে তার হাতে ধরে রেখেছে

Al igual que en un período anterior, una parte de la nobleza se pasó a la burguesía

ঠিক যেমন আগেকার যুগে অভিজাতদের একটা অংশ বুর্জোয়াদের হাতে চলে গিয়েছিল

de la misma manera que una parte de la burguesía se pasará al proletariado

একইভাবে বুর্জোয়াদের একটি অংশ প্রলেতারিয়েতের কাছে চলে যাবে

en particular, una parte de la burguesía pasará a una parte de los ideólogos de la burguesía

বিশেষত, বুর্জোয়াদের একটি অংশ বুর্জোয়া মতাদর্শীদের একটি অংশের কাছে চলে যাবে

Ideólogos burgueses que se han elevado al nivel de comprender teóricamente el movimiento histórico en su conjunto

বুর্জোয়া মতাদর্শবিদ যারা সামগ্রিকভাবে ঐতিহাসিক আন্দোলনকে তাত্ত্বিকভাবে বোঝার স্তরে নিজেদেরকে উন্নীত করেছেন

De todas las clases que hoy se encuentran frente a frente con la burguesía, sólo el proletariado es una clase realmente revolucionaria

আজ যে সমস্ত শ্রেণী বুর্জোয়াদের মুখোমুখি দাঁড়িয়ে আছে, তার মধ্যে একমাত্র প্রলেতারিয়েতই হচ্ছে সত্যিকারের বিপ্লবী শ্রেণী

Las otras clases decaen y finalmente desaparecen frente a la industria moderna

আধুনিক শিল্পের মুখে অন্য শ্রেণিগুলো ক্ষয় হয়ে অবশেষে বিলুপ্ত হয়ে যায়

el proletariado es su producto especial y esencial

প্রলেতারিয়েত তার বিশেষ ও অপরিহার্য পণ্য

La clase media baja, el pequeño fabricante, el tendero, el artesano, el campesino

নিম্ন মধ্যবিত্ত, ক্ষুদ্র উৎপাদক, দোকানদার, কারিগর, কৃষক

todos ellos luchan contra la burguesía

এই সব বুর্জোয়াদের বিরুদ্ধে লড়াই

Luchan como fracciones de la clase media para salvarse de la extinción

তারা মধ্যবিত্তের ভগ্নাংশ হিসাবে নিজেদের বিলুপ্তির হাত থেকে বাঁচানোর জন্য লড়াই করে

Por lo tanto, no son revolucionarios, sino conservadores

তাই তারা বিপ্লবী নয়, রক্ষণশীল

Más aún, son reaccionarios, porque tratan de hacer retroceder la rueda de la historia

বরং তারা প্রতিক্রিয়াশীল, কারণ তারা ইতিহাসের চাকা পেছানোর চেষ্টা করে

Si por casualidad son revolucionarios, lo son sólo en vista de su inminente transferencia al proletariado

যদি দৈবক্রমে তারা বিপ্লবী হয়, তবে তারা কেবল সর্বহারা শ্রেণীতে তাদের আসন্ন স্থানান্তরের পরিপ্রেক্ষিতে

Por lo tanto, no defienden sus intereses presentes, sino sus intereses futuros
এভাবে তারা তাদের বর্তমানকে নয়, বরং তাদের ভবিষ্যতের স্বার্থ রক্ষা করে
abandonan su propio punto de vista para situarse en el del proletariado
তারা নিজেদের অবস্থান পরিত্যাগ করে নিজেদেরকে সর্বহারা শ্রেণীর অবস্থানে স্থাপন করে
La "clase peligrosa", la escoria social, esa masa pasivamente putrefacta arrojada por las capas más bajas de la vieja sociedad
"বিপজ্জনক শ্রেণী", সামাজিক নোংরামি, পুরানো সমাজের নিম্নতম স্তরগুলি দ্বারা নিক্ষিপ্তভাবে পচে যাওয়া জনগণকে নিক্ষেপ করে
pueden, aquí y allá, ser arrastrados al movimiento por una revolución proletaria
তারা এখানে-ওখানে সর্বহারা বিপ্লবের মাধ্যমে আন্দোলনে ভেসে যেতে পারে
Sus condiciones de vida, sin embargo, la preparan mucho más para el papel de un instrumento sobornado de la intriga reaccionaria
এর জীবনযাত্রার অবস্থা অবশ্য এটিকে প্রতিক্রিয়াশীল ষড়যন্ত্রের ঘুষের হাতিয়ারের অংশের জন্য আরও বেশি প্রস্তুত করে
En las condiciones del proletariado, los de la vieja sociedad en general están ya virtualmente desbordados
প্রলেতারিয়েতের অবস্থায়, বৃহত্তর পুরাতন সমাজের লোকেরা ইতিমধ্যে কার্যত জলাবদ্ধ হয়ে পড়েছে
El proletario carece de propiedad
সর্বহারা সম্পত্তিহীন
su relación con su mujer y sus hijos ya no tiene nada en común con las relaciones familiares de la burguesía
স্ত্রী-সন্তানদের সঙ্গে তার সম্পর্কের সঙ্গে বুর্জোয়াদের পারিবারিক সম্পর্কের আর কোনো মিল নেই
el trabajo industrial moderno, el sometimiento moderno al capital, lo mismo en Inglaterra que en Francia, en Estados Unidos como en Alemania

আধুনিক শিল্প শ্রম, পুঁজির আধুনিক অধীনতা, ইংল্যান্ডে যেমন ফ্রান্সে, আমেরিকায় তেমনি জার্মানিতে

Su condición en la sociedad lo ha despojado de todo rastro de carácter nacional

সমাজে তার অবস্থা তাকে জাতীয় চরিত্রের সমস্ত চিহ্ন থেকে বঞ্চিত করেছে

El derecho, la moral, la religión, son para él otros tantos prejuicios burgueses

আইন, নৈতিকতা, ধর্ম তার কাছে অনেক বুর্জোয়া কুসংস্কার

y detrás de estos prejuicios acechan emboscados otros tantos intereses burgueses

আর এসব কুসংস্কারের পেছনে লুকিয়ে আছে অনেক বুর্জোয়া স্বার্থের মতোই

Todas las clases precedentes que se impusieron trataron de fortalecer su estatus ya adquirido

পূর্ববর্তী সমস্ত শ্রেণী যারা উচ্চতর হাত পেয়েছিল, তারা তাদের ইতিমধ্যে অর্জিত মর্যাদাকে শক্তিশালী করার চেষ্টা করেছিল

Lo hicieron sometiendo a la sociedad en general a sus condiciones de apropiación

তারা বৃহত্তর সমাজকে তাদের দখলের শর্তের অধীন করে এটি করেছিল

Los proletarios no pueden llegar a ser dueños de las fuerzas productivas de la sociedad

প্রলেতারিয়েতরা সমাজের উৎপাদিকা শক্তির প্রভু হতে পারে না

sólo puede hacerlo aboliendo su propio modo anterior de apropiación

এটি কেবল তাদের পূর্ববর্তী দখলের পদ্ধতিটি বিলুপ্ত করে এটি করতে পারে

y, por lo tanto, también suprime cualquier otro modo anterior de apropiación

এবং এর ফলে এটি দখলের পূর্ববর্তী সমস্ত পদ্ধতিও বিলুপ্ত করে

No tienen nada propio que asegurar y fortificar

সুরক্ষিত করার এবং শক্তিশালী করার জন্য তাদের নিজস্ব কিছুই নেই

Su misión es destruir todos los valores y seguros anteriores de la propiedad individual

তাদের লক্ষ্য হ'ল পৃথক সম্পত্তির জন্য পূর্ববর্তী সমস্ত সিকিউরিটিজ এবং বীমা ধ্বংস করা

Todos los movimientos históricos anteriores fueron movimientos de minorías

পূর্ববর্তী সকল ঐতিহাসিক আন্দোলন ছিল সংখ্যালঘুদের আন্দোলন

o eran movimientos en interés de las minorías

অথবা তারা সংখ্যালঘুদের স্বার্থে আন্দোলন ছিল

El movimiento proletario es el movimiento consciente e independiente de la inmensa mayoría

সর্বহারা আন্দোলন হচ্ছে বিপুল সংখ্যাগরিষ্ঠের আত্মসচেতন, স্বাধীন আন্দোলন

Y es un movimiento en interés de la inmensa mayoría

এবং এটি বিপুল সংখ্যাগরিষ্ঠের স্বার্থে একটি আন্দোলন

El proletariado, el estrato más bajo de nuestra sociedad actual

প্রলেতারিয়েত, আমাদের বর্তমান সমাজের সর্বনিম্ন স্তর

no puede agitarse ni elevarse sin que todos los estratos superiores de la sociedad oficial salgan al aire

আনুষ্ঠানিক সমাজের সমগ্র সুপারিন্ট স্তর বাতাসে উড়তে না পারলে সে নিজেকে আলোড়িত বা উত্থাপিত করতে পারে না

Aunque no en el fondo, sí en la forma, la lucha del proletariado con la burguesía es, al principio, una lucha nacional

সারবস্তুতে না হলেও আকারে বুর্জোয়াদের সঙ্গে সর্বহারা শ্রেণীর সংগ্রাম প্রথমে একটা জাতীয় সংগ্রাম

El proletariado de cada país debe, por supuesto, en primer lugar arreglar las cosas con su propia burguesía

প্রত্যেক দেশের প্রলেতারিয়েতকে অবশ্যই সর্বাগ্রে তার নিজস্ব বুর্জোয়াদের সাথে বিষয়টির মীমাংসা করতে হবে

Al describir las fases más generales del desarrollo del proletariado, hemos trazado la guerra civil más o menos velada

প্রলেতারিয়েতের বিকাশের সবচেয়ে সাধারণ পর্যায়গুলি চিত্রিত করতে গিয়ে আমরা কমবেশি প্রচ্ছন্ন গৃহযুদ্ধের সন্ধান পেয়েছি

Este civil está haciendo estragos dentro de la sociedad existente

বিদ্যমান সমাজে এই নাগরিক চলছে

Se enfurecerá hasta el punto en que esa guerra estalle en una revolución abierta

এটি এমন পর্যায়ে পৌঁছাবে যে সেই যুদ্ধ প্রকাশ্য বিপ্লবে ছড়িয়ে পড়বে

y luego el derrocamiento violento de la burguesía sienta las bases para el dominio del proletariado

এবং তারপর বুর্জোয়াদের সহিংস উৎখাত সর্বহারা শ্রেণীর আধিপত্যের ভিত্তি স্থাপন করে

Hasta ahora, todas las formas de sociedad se han basado, como ya hemos visto, en el antagonismo de las clases opresoras y oprimidas

এ পর্যন্ত সমাজের প্রতিটি রূপই নিপীড়িত ও নিপীড়িত শ্রেণীসমূহের বিরোধিতার উপর ভিত্তি করে গড়ে উঠেছে, যেমনটি আমরা ইতিমধ্যেই দেখেছি

Pero para oprimir a una clase, hay que asegurarle ciertas condiciones

কিন্তু কোনো শ্রেণিকে দমন করতে হলে তাকে কিছু শর্ত নিশ্চিত করতে হবে

La clase debe ser mantenida en condiciones en las que pueda, por lo menos, continuar su existencia servil

শ্রেণীকে এমন পরিস্থিতিতে রাখতে হবে যাতে সে অন্ততঃ তার দাসত্বের অস্তিত্ব অব্যাহত রাখতে পারে

El siervo, en el período de la servidumbre, se elevaba a la comuna

ভূমিদাসত্বের সময়কালে ভূমিদাস নিজেকে কমিউনের সদস্যপদে উন্নীত করেছিলেন

del mismo modo que la pequeña burguesía, bajo el yugo del absolutismo feudal, logró convertirse en burguesía

ঠিক যেমন পেটি বুর্জোয়ারা সামন্ততান্ত্রিক নিরঙ্কুশতার জোয়ালে বুর্জোয়ায় পরিণত হতে পেরেছিল

El obrero moderno, por el contrario, en lugar de elevarse con el progreso de la industria, se hunde cada vez más

পক্ষান্তরে আধুনিক শ্রমিক শিল্পের অগ্রগতির সঙ্গে উত্থানের পরিবর্তে গভীর থেকে গভীরতর নিমজ্জিত হয়

se hunde por debajo de las condiciones de existencia de su propia clase

সে তার নিজের শ্রেণীর অস্তিত্বের শর্তের নীচে ডুবে যায়

Se convierte en un indigente, y el pauperismo se desarrolla más rápidamente que la población y la riqueza

সে নিঃস্ব হয়ে যায় এবং জনসংখ্যা ও সম্পদের চেয়ে দারিদ্র্যের বিকাশ ঘটে

Y aquí se hace evidente que la burguesía ya no es apta para ser la clase dominante de la sociedad

এবং এখানেই এটা স্পষ্ট হয়ে ওঠে যে, বুর্জোয়ারা আর সমাজের শাসক শ্রেণী হওয়ার অযোগ্য

y no es apta para imponer sus condiciones de existencia a la sociedad como una ley imperativa

এবং তার অস্তিত্বের শর্তগুলি সমাজের উপর একটি অশ্বারোহী আইন হিসাবে চাপিয়ে দেওয়া অনুপযুক্ত

Es incapaz de gobernar porque es incapaz de asegurar una existencia a su esclavo dentro de su esclavitud

এটি শাসন করার অযোগ্য কারণ এটি তার দাসত্বের মধ্যে তার দাসকে অস্তিত্বের নিশ্চয়তা দিতে অক্ষম

porque no puede evitar dejarlo hundirse en tal estado, que tiene que alimentarlo, en lugar de ser alimentado por él

কেননা তাহাকে এমন অবস্থায় ডুবিয়া যাইতে দেওয়া যায় না, তাহাকে খাওয়াইবার পরিবর্তে তাহাকে খাওয়াইতে হয়

La sociedad ya no puede vivir bajo esta burguesía

এই বুর্জোয়াদের অধীনে সমাজ আর থাকতে পারে না

En otras palabras, su existencia ya no es compatible con la sociedad

অন্য কথায়, এর অস্তিত্ব আর সমাজের সাথে সামঞ্জস্যপূর্ণ নয়

La condición esencial para la existencia y el dominio de la burguesía es la formación y el aumento del capital

বুর্জোয়া শ্রেণীর অস্তিত্ব ও আধিপত্যের জন্য অপরিহার্য শর্ত হচ্ছে পুঁজির গঠন ও বৃদ্ধি

La condición del capital es el trabajo asalariado

পুঁজির শর্ত মজুরি-শ্রম

El trabajo asalariado se basa exclusivamente en la competencia entre los trabajadores

মজুরি-শ্রম একচেটিয়াভাবে শ্রমিকদের মধ্যে প্রতিযোগিতার উপর নির্ভরশীল

El avance de la industria, cuyo promotor involuntario es la burguesía, sustituye al aislamiento de los obreros

শিল্পের অগ্রগতি, যার অনিচ্ছাকৃত প্রবর্তক বুর্জোয়া, শ্রমিকদের বিচ্ছিন্নতাকে প্রতিস্থাপন করে

por la competencia, por su combinación revolucionaria, por la asociación

প্রতিযোগিতার কারণে, তাদের বৈপ্লবিক সমন্বয়ের কারণে, সমিতির কারণে

El desarrollo de la industria moderna corta bajo sus pies los cimientos mismos sobre los cuales la burguesía produce y se apropia de los productos

আধুনিক শিল্পের বিকাশ তার পায়ের তলা থেকে সেই ভিত্তি কেটে দেয় যার উপর বুর্জোয়ারা পণ্য উৎপাদন করে এবং প্রয়োগ করে

Lo que la burguesía produce, sobre todo, son sus propios sepultureros

বুর্জোয়ারা যা উৎপাদন করে, সর্বোপরি তা হলো তার নিজস্ব কবর খননকারী

La caída de la burguesía y la victoria del proletariado son igualmente inevitables

বুর্জোয়াদের পতন এবং সর্বহারা শ্রেণীর বিজয় সমানভাবে অনিবার্য

Proletarios y comunistas
সর্বহারা ও কমিউনিস্ট

¿Qué relación tienen los comunistas con el conjunto de los
proletarios?

সামগ্রিকভাবে প্রলেতারিয়েতদের সাথে কমিউনিস্টদের কী সম্পর্ক?

Los comunistas no forman un partido separado opuesto a
otros partidos de la clase obrera

কমিউনিস্টরা অন্যান্য শ্রমিক শ্রেণীর পার্টির বিরোধিতা করে আলাদা
পার্টি গঠন করে না

No tienen intereses separados y aparte de los del
proletariado en su conjunto

সামগ্রিকভাবে প্রলেতারিয়েতের স্বার্থ থেকে তাদের আলাদা ও বিচ্ছিন্ন
কোনো স্বার্থ নেই

No establecen ningún principio sectario propio, con el cual
dar forma y moldear el movimiento proletario

তারা তাদের নিজস্ব কোন সাম্প্রদায়িক নীতি প্রতিষ্ঠা করে না, যার
দ্বারা সর্বহারা আন্দোলনকে রূপদান ও ঢেলে সাজানো যায়

Los comunistas se distinguen de los demás partidos obreros
sólo por dos cosas

শ্রমিক শ্রেণির অন্যান্য পার্টি থেকে কমিউনিস্টদের তফাতটা মাত্র
দুটো জিনিসের জন্য

En primer lugar, señalan y ponen en primer plano los
intereses comunes de todo el proletariado,
independientemente de toda nacionalidad

প্রথমত, তারা জাতি-নির্বিশেষে সারা প্রলেতারিয়েতের সাধারণ স্বার্থের
দিকে দৃষ্টি আকর্ষণ করে এবং সামনে টেনে আনে

Esto lo hacen en las luchas nacionales de los proletarios de
los diferentes países

বিভিন্ন দেশের মজুরদের জাতীয় সংগ্রামে তারা এটা করে থাকে

En segundo lugar, siempre y en todas partes representan los
intereses del movimiento en su conjunto

দ্বিতীয়ত, তারা সর্বদা এবং সর্বত্র সমগ্র আন্দোলনের স্বার্থের
প্রতিনিধিত্ব করে

esto lo hacen en las diversas etapas de desarrollo por las que
tiene que pasar la lucha de la clase obrera contra la
burguesía

এটা তারা করে থাকে বিকাশের বিভিন্ন পর্যায়ে, যার মধ্য দিয়ে বুর্জোয়াদের বিরুদ্ধে শ্রমিক শ্রেণীর সংগ্রামকে অতিক্রম করতে হয়

Los comunistas son, por lo tanto, por una parte, prácticamente, el sector más avanzado y resuelto de los partidos obreros de todos los países

সুতরাং কমিউনিস্টরা একদিকে, কার্যতঃ প্রত্যেক দেশের শ্রমিক শ্রেণীর পার্টিগুলির সবচেয়ে অগ্রসর ও দৃঢ়প্রতিজ্ঞ অংশ

Son ese sector de la clase obrera que empuja hacia adelante a todos los demás

তারা শ্রমিক শ্রেণীর সেই অংশ যা অন্য সকলকে এগিয়ে নিয়ে যায়

Teóricamente, también tienen la ventaja de entender claramente la línea de marcha

তাত্ত্বিকভাবে, তাদের মার্চের লাইনটি পরিষ্কারভাবে বোঝার সুবিধাও রয়েছে

Esto lo comprenden mejor comparado con la gran masa del proletariado

এটা তারা প্রলেতারিয়েতের বিশাল জনগোষ্ঠীর তুলনায় ভালো বোঝে

Comprenden las condiciones y los resultados generales finales del movimiento proletario

তারা সর্বহারা আন্দোলনের শর্ত এবং চূড়ান্ত সাধারণ ফলাফল বোঝে

El objetivo inmediato del comunista es el mismo que el de todos los demás partidos proletarios

কমিউনিস্টের আশু লক্ষ্য হচ্ছে অন্যান্য সকল সর্বহারা পার্টির মতো একই

Su objetivo es la formación del proletariado en una clase

তাদের লক্ষ্য প্রলেতারিয়েতকে একটি শ্রেণীতে পরিণত করা

su objetivo es derrocar la supremacía burguesa

তাদের লক্ষ্য বুর্জোয়া আধিপত্য উৎখাত করা

la lucha por la conquista del poder político por el proletariado

সর্বহারা শ্রেণী কর্তৃক রাজনৈতিক ক্ষমতা দখলের সংগ্রাম

Las conclusiones teóricas de los comunistas no se basan en modo alguno en ideas o principios de reformadores

কমিউনিস্টদের তাত্ত্বিক সিদ্ধান্তগুলি কোনওভাবেই সংস্কারকদের ধারণা বা নীতির উপর ভিত্তি করে নয়

no fueron los aspirantes a reformadores universales los que inventaron o descubrieron las conclusiones teóricas de los comunistas

কমিউনিস্টদের তাত্ত্বিক সিদ্ধান্তগুলি আবিষ্কার বা আবিষ্কার করা সর্বজনীন সংস্কারকরা ছিলেন না

Se limitan a expresar, en términos generales, las relaciones reales que surgen de una lucha de clases existente

তারা কেবল প্রকাশ করে, সাধারণ ভাষায়, বিদ্যমান শ্রেণী সংগ্রাম থেকে উদ্ভূত প্রকৃত সম্পর্ক

Y describen el movimiento histórico que está ocurriendo ante nuestros propios ojos y que ha creado esta lucha de clases

এবং তারা আমাদের চোখের আড়ালে চলমান ঐতিহাসিক আন্দোলনের বর্ণনা দেয় যা এই শ্রেণী সংগ্রামের সৃষ্টি করেছে

La abolición de las relaciones de propiedad existentes no es en absoluto un rasgo distintivo del comunismo

বিদ্যমান সম্পত্তি সম্পর্কের বিলুপ্তি মোটেই কমিউনিজমের একটি স্বতন্ত্র বৈশিষ্ট্য নয়

Todas las relaciones de propiedad en el pasado han estado continuamente sujetas a cambios históricos

অতীতে সমস্ত সম্পত্তি সম্পর্ক ক্রমাগত ঐতিহাসিক পরিবর্তন সাপেক্ষে হয়েছে

y estos cambios fueron consecuencia del cambio en las condiciones históricas

এবং এই পরিবর্তনগুলি ঐতিহাসিক অবস্থার পরিবর্তনের ফলস্বরূপ ছিল

La Revolución Francesa, por ejemplo, abolió la propiedad feudal en favor de la propiedad burguesa

উদাহরণস্বরূপ, ফরাসি বিপ্লব বুর্জোয়া সম্পত্তির পক্ষে সামন্ততান্ত্রিক সম্পত্তি বিলুপ্ত করেছিল

El rasgo distintivo del comunismo no es la abolición de la propiedad, en general

কমিউনিজমের স্বতন্ত্র বৈশিষ্ট্য সাধারণত সম্পত্তির বিলুপ্তি নয়

pero el rasgo distintivo del comunismo es la abolición de la propiedad burguesa

কিন্তু কমিউনিজমের স্বতন্ত্র বৈশিষ্ট্য হল বুর্জোয়া সম্পত্তির উচ্ছেদ

Pero la propiedad privada de la burguesía moderna es la
expresión última y más completa del sistema de producción
y apropiación de productos

কিন্তু আধুনিক বুর্জোয়া ব্যক্তিগত মালিকানা হচ্ছে পণ্য উৎপাদন ও
দখল পদ্ধতির চূড়ান্ত ও সর্বাপেক্ষা পূর্ণাঙ্গ অভিব্যক্তি

Es el estado final de un sistema que se basa en los
antagonismos de clase, donde el antagonismo de clase es la
explotación de la mayoría por unos pocos

এটা হচ্ছে শ্রেণী বিরোধের উপর ভিত্তি করে গড়ে ওঠা ব্যবস্থার চূড়ান্ত
অবস্থা, যেখানে শ্রেণী বিরোধিতা হচ্ছে গুটিকয়েক দ্বারা বহুকে
শোষণ করা

En este sentido, la teoría de los comunistas puede resumirse
en una sola frase; la abolición de la propiedad privada

এই অর্থে, কমিউনিস্টদের তত্ত্বকে একটি মাত্র বাক্যে সারসংক্ষেপ
করা যেতে পারে; ব্যক্তিগত সম্পত্তির বিলুপ্তি

A los comunistas se nos ha reprochado el deseo de abolir el
derecho de adquirir personalmente la propiedad

আমরা কমিউনিস্টরা ব্যক্তিগত সম্পত্তি অর্জনের অধিকার বিলুপ্ত
করার আকাঙ্ক্ষায় তিরস্কৃত হয়েছি

Se afirma que esta propiedad es el fruto del propio trabajo
de un hombre

দাবি করা হয়, এই সম্পত্তি মানুষের নিজের শ্রমের ফসল

y se alega que esta propiedad es la base de toda libertad,
actividad e independencia personal.

এবং এই সম্পত্তি সমস্ত ব্যক্তিগত স্বাধীনতা, কার্যকলাপ এবং
স্বাধীনতার ভিত্তি বলে অভিযোগ করা হয়।

"¡Propiedad ganada con esfuerzo, adquirida por uno mismo,
ganada por uno mismo!"

"কষ্টার্জিত, স্ব-অর্জিত, স্ব-অর্জিত সম্পত্তি!"

¿Te refieres a la propiedad del pequeño artesano y del
pequeño campesino?

আপনি কি ক্ষুদ্র কারিগর এবং ক্ষুদ্র কৃষকের সম্পত্তি বোঝাচ্ছেন?

¿Te refieres a una forma de propiedad que precedió a la
forma burguesa?

আপনি কি বুর্জোয়া রূপের পূর্ববর্তী সম্পত্তির একটি রূপ বোঝাতে
চাইছেন?

No hay necesidad de abolir eso, el desarrollo de la industria ya lo ha destruido en gran medida

এটা বিলুপ্ত করার দরকার নেই, শিল্পের বিকাশ ইতিমধ্যেই অনেকাংশে ধ্বংস করে দিয়েছে

y el desarrollo de la industria sigue destruyéndola diariamente

আর শিল্পের বিকাশ এখনও প্রতিদিন তা ধ্বংস করছে

¿O te refieres a la propiedad privada de la burguesía moderna?

নাকি আধুনিক বুর্জোয়াদের ব্যক্তিগত সম্পত্তির কথা বলছেন?

Pero, ¿crea el trabajo asalariado alguna propiedad para el trabajador?

কিন্তু মজুরি-শ্রম কি শ্রমিকের জন্য কোনো মালিকানা সৃষ্টি করে?

¡No, el trabajo asalariado no crea ni una pizca de este tipo de propiedad!

না, মজুরি শ্রম এই ধরনের সম্পত্তির এক বিন্দুও সৃষ্টি করে না!

Lo que sí crea el trabajo asalariado es capital; ese tipo de propiedad que explota el trabajo asalariado

মজুরি শ্রম যা তৈরি করে তা হল মূলধন; সেই ধরনের সম্পত্তি যা মজুরি-শ্রমকে শোষণ করে

El capital no puede aumentar sino a condición de engendrar una nueva oferta de trabajo asalariado para una nueva explotación

নতুন শোষণের জন্য মজুরি-শ্রমের নতুন যোগানের জন্ম না দিলে পুঁজি বাড়তে পারে না

La propiedad, en su forma actual, se basa en el antagonismo entre el capital y el trabajo asalariado

সম্পত্তি, তার বর্তমান রূপে, পুঁজি এবং মজুরি-শ্রমের বিরোধিতার উপর ভিত্তি করে

Examinemos los dos lados de este antagonismo

আসুন আমরা এই বিরোধিতার উভয় দিকই পরীক্ষা করি

Ser capitalista es tener no sólo un estatus puramente personal

পুঁজিবাদী হওয়া মানে শুধু ব্যক্তিগত মর্যাদা থাকা নয়

En cambio, ser capitalista es también tener un estatus social en la producción

বরং পুঁজিবাদী হওয়া মানে উৎপাদনেও সামাজিক মর্যাদা থাকতে
হবে

porque el capital es un producto colectivo; Sólo mediante la
acción unida de muchos miembros puede ponerse en marcha
কারণ পুঁজি একটি সমষ্টিগত পণ্য; কেবল অনেক সদস্যের ঐক্যবদ্ধ
পদক্ষেপের মাধ্যমেই এটি গতিশীল হতে পারে

Pero esta acción unida es el último recurso, y en realidad
requiere de todos los miembros de la sociedad
কিন্তু এই ঐক্যবদ্ধ পদক্ষেপ একটি শেষ অবলম্বন, এবং প্রকৃতপক্ষে
সমাজের সকল সদস্যের প্রয়োজন

El capital se convierte en propiedad de todos los miembros
de la sociedad
পুঁজি সমাজের সকল সদস্যের সম্পত্তিতে রূপান্তরিত হয়

pero el Capital no es, por lo tanto, un poder personal; Es un
poder social
কিন্তু পুঁজি তাই ব্যক্তিগত শক্তি নয়; এটি একটি সামাজিক শক্তি

Así, cuando el capital se convierte en propiedad social, la
propiedad personal no se transforma en propiedad social
সুতরাং পুঁজি যখন সামাজিক সম্পত্তিতে রূপান্তরিত হয়, তখন
ব্যক্তিগত সম্পত্তি এর দ্বারা সামাজিক সম্পত্তিতে রূপান্তরিত হয় না

Lo único que cambia es el carácter social de la propiedad y
pierde su carácter de clase
কেবল সম্পত্তির সামাজিক চরিত্রই পরিবর্তিত হয়, এবং তার শ্রেণী-
চরিত্র হারায়।

Veamos ahora el trabajo asalariado
এবার মজুরি-শ্রমের দিকে তাকানো যাক

El precio medio del trabajo asalariado es el salario mínimo,
es decir, la cantidad de medios de subsistencia
মজুরি-শ্রমের গড় মূল্য হল ন্যূনতম মজুরি, অর্থাৎ, জীবিকা নির্বাহের
উপায়ের পরিমাণ

Este salario es absolutamente necesario en la mera existencia
de un obrero
শ্রমিক হিসাবে খালি অস্তিত্বের জন্য এই মজুরি একান্ত প্রয়োজন

Por lo tanto, lo que el asalariado se apropia por medio de su
trabajo, sólo basta para prolongar y reproducir una
existencia desnuda

সুতরাং মজুরি-শ্রমিক তার শ্রমের দ্বারা যা ব্যবহার করে, তা কেবল একটি নগ্ন অস্তিত্বকে দীর্ঘায়িত ও পুনরুৎপাদন করার জন্য যথেষ্ট

De ninguna manera pretendemos abolir esta apropiación personal de los productos del trabajo

আমরা কোনোভাবেই শ্রমজাত দ্রব্যের এই ব্যক্তিগত দখলকে বিলুপ্ত করতে চাই না

una apropiación que se hace para el mantenimiento y la reproducción de la vida humana

একটি বরাদ্দ যা মানব জীবনের রক্ষণাবেক্ষণ এবং প্রজননের জন্য তৈরি করা হয়

Tal apropiación personal de los productos del trabajo no deja ningún excedente con el que ordenar el trabajo de otros

শ্রমের উৎপাদিত দ্রব্যের এইরূপ ব্যক্তিগত দখল অপরের শ্রমকে আদেশ করিবার জন্য কোন উদ্বৃত্ত অবশিষ্ট রাখে না

Lo único que queremos eliminar es el carácter miserable de esta apropiación

আমরা যা দূর করতে চাই, তা হল এই দখলদারিত্বের করুণ চরিত্র

la apropiación bajo la cual vive el obrero sólo para aumentar el capital

যে দখলের অধীনে শ্রমিক কেবল মূলধন বাড়ানোর জন্য জীবনযাপন করে

Sólo se le permite vivir en la medida en que lo exija el interés de la clase dominante

শাসক শ্রেণীর স্বার্থ যতটুকু প্রয়োজন ততটুকুই তাকে বাঁচতে দেয়া হয়

En la sociedad burguesa, el trabajo vivo no es más que un medio para aumentar el trabajo acumulado

বুর্জোয়া সমাজে জীবিত শ্রম পুঞ্জীভূত শ্রম বৃদ্ধির একটি উপায় মাত্র।

En la sociedad comunista, el trabajo acumulado no es más que un medio para ampliar, para enriquecer y para promover la existencia del obrero

কমিউনিস্ট সমাজে পুঞ্জীভূত শ্রম শ্রমিকের অস্তিত্বকে প্রশস্ত করার, সমৃদ্ধ করার, উন্নীত করার উপায় মাত্র

En la sociedad burguesa, por lo tanto, el pasado domina al presente

বুর্জোয়া সমাজে তাই অতীত বর্তমানকে প্রাধান্য দেয়

en la sociedad comunista el presente domina al pasado

কমিউনিস্ট সমাজে অতীতে বর্তমানকে প্রাধান্য দেয়

En la sociedad burguesa el capital es independiente y tiene individualidad

বুর্জোয়া সমাজে পুঁজি স্বাধীন এবং তার স্বকীয়তা আছে

En la sociedad burguesa la persona viva es dependiente y no tiene individualidad

বুর্জোয়া সমাজে জীবিত ব্যক্তি পরনির্ভরশীল, তার কোনো স্বকীয়তা নেই

¡Y la abolición de este estado de cosas es llamada por la burguesía, abolición de la individualidad y de la libertad!

আর এই অবস্থার উচ্ছেদকেই বুর্জোয়ারা বলে, ব্যক্তিস্বাতন্ত্র্য ও স্বাধীনতার উচ্ছেদ!

¡Y con razón se llama la abolición de la individualidad y de la libertad!

আর এটাকে যথার্থই বলা হয় ব্যক্তিস্বাতন্ত্র্য ও স্বাধীনতার বিলোপ!

El comunismo aspira a la abolición de la individualidad burguesa

কমিউনিজমের লক্ষ্য বুর্জোয়া ব্যক্তিস্বাতন্ত্র্যের বিলোপ

El comunismo pretende la abolición de la independencia burguesa

কমিউনিজম বুর্জোয়া স্বাধীনতার বিলোপ চায়

La libertad burguesa es, sin duda, a lo que aspira el comunismo

বুর্জোয়া স্বাধীনতাই নিঃসন্দেহে কমিউনিজমের লক্ষ্য

en las actuales condiciones de producción de la burguesía, la libertad significa libre comercio, libre venta y compra

উৎপাদনের বর্তমান বুর্জোয়া অবস্থার অধীনে স্বাধীনতা মানে অবাধ বাণিজ্য, অবাধ ক্রয়-বিক্রয়

Pero si desaparece la venta y la compra, también desaparece la libre venta y la compra

কিন্তু বেচা-কেনা উধাও হয়ে গেলে বিনামূল্যে কেনা-বেচাও উধাও হয়ে যায়

Las "palabras valientes" de la burguesía sobre la libre venta y compra sólo tienen sentido en un sentido limitado

অবাধ ক্রয়-বিক্রয় সম্পর্কে বুর্জোয়াদের "সাহসী কথা" কেবল সীমিত অর্থে অর্থ বহন করে

Estas palabras tienen significado solo en contraste con la venta y la compra restringidas

এই শব্দগুলির কেবল সীমাবদ্ধ বিক্রয় এবং ক্রয়ের বিপরীতে অর্থ রয়েছে

y estas palabras sólo tienen sentido cuando se aplican a los comerciantes encadenados de la Edad Media

এবং এই শব্দগুলির অর্থ কেবল তখনই হয় যখন মধ্যযুগের বন্ধন ব্যবসায়ীদের ক্ষেত্রে প্রয়োগ করা হয়

y eso supone que estas palabras incluso tienen un significado en un sentido burgués

এবং এটি ধরে নেয় যে এই শব্দগুলির এমনকি বুর্জোয়া অর্থে অর্থ রয়েছে

pero estas palabras no tienen ningún significado cuando se usan para oponerse a la abolición comunista de la compra y venta

কিন্তু এই শব্দগুলির কোনও অর্থ নেই যখন তারা ক্রয় এবং বিক্রয়ের কমিউনিস্ট বিলোপের বিরোধিতা করার জন্য ব্যবহৃত হচ্ছে

las palabras no tienen sentido cuando se usan para oponerse a la abolición de las condiciones de producción de la burguesía

বুর্জোয়া উৎপাদন শর্ত বিলুপ্ত করার বিরোধিতা করার জন্য যখন শব্দগুলি ব্যবহার করা হচ্ছে তখন তাদের কোনও অর্থ নেই

y no tienen ningún sentido cuando se utilizan para oponerse a la abolición de la propia burguesía

এবং বুর্জোয়াদের বিলুপ্তির বিরোধিতা করার জন্য যখন তাদের ব্যবহার করা হচ্ছে তখন তাদের কোনও অর্থ নেই

Ustedes están horrorizados de nuestra intención de acabar con la propiedad privada

আমাদের ব্যক্তিগত সম্পত্তি উচ্ছেদ করার অভিপ্রায় দেখে আপনি আতঙ্কিত

Pero en la sociedad actual, la propiedad privada ya ha sido eliminada para las nueve décimas partes de la población

কিন্তু আপনার বিদ্যমান সমাজে ইতিমধ্যেই জনসংখ্যার নয়-দশমাংশের জন্য ব্যক্তিগত সম্পত্তি বিলুপ্ত হয়ে গেছে

La existencia de la propiedad privada para unos pocos se debe únicamente a su inexistencia en manos de las nueve décimas partes de la población

মুষ্টিমেয় লোকের কাছে ব্যক্তিগত সম্পত্তির অস্তিত্ব একমাত্র জনসংখ্যার নয়-দশমাংশের হাতে তার অস্তিত্বহীনতার কারণে

Por lo tanto, nos reprochas que pretendamos acabar con una forma de propiedad

অতএব তোমরা আমাদিগকে ভর্ৎসনা করিতেছ যে, সম্পত্তি বিলুপ্ত করিবার অভিপ্রায়ে

Pero la propiedad privada requiere la inexistencia de propiedad alguna para la inmensa mayoría de la sociedad

কিন্তু ব্যক্তিগত সম্পত্তি সমাজের বিপুল সংখ্যাগরিষ্ঠের জন্য কোনও সম্পত্তির অস্তিত্বহীনতার প্রয়োজন হয়

En una palabra, nos reprochas que pretendamos acabar con tu propiedad

এক কথায়, আপনি আপনার সম্পত্তি ধ্বংস করার উদ্দেশ্যে আমাদের তিরস্কার করছেন

Y es precisamente así; prescindir de su propiedad es justo lo que pretendemos

এবং এটা ঠিক তাই; আপনার সম্পত্তি বিলুপ্ত করা আমাদের উদ্দেশ্য

Desde el momento en que el trabajo ya no puede convertirse en capital, dinero o renta

সেই মুহূর্ত থেকে যখন শ্রমকে আর পুঁজি, অর্থ বা খাজনায় রূপান্তর করা যায় না

cuando el trabajo ya no puede convertirse en un poder social capaz de ser monopolizado

যখন শ্রমকে আর একচেটিয়া মালিকানায় সক্ষম সামাজিক শক্তিতে রূপান্তরিত করা যাবে না

desde el momento en que la propiedad individual ya no puede transformarse en propiedad burguesa

সেই মুহূর্ত থেকে যখন ব্যক্তিগত সম্পত্তি আর বুর্জোয়া সম্পত্তিতে রূপান্তরিত হতে পারে না

desde el momento en que la propiedad individual ya no puede transformarse en capital

সেই মুহূর্ত থেকে যখন ব্যক্তিগত সম্পত্তি আর মূলধনে রূপান্তরিত হতে পারে না

A partir de ese momento, dices que la individualidad se desvanece

সেই মুহূর্ত থেকে আপনি বলছেন ব্যক্তিস্বাতন্ত্র্য বিলুপ্ত হয়ে যায়

Debéis confesar, pues, que por "individuo" no os referimos a otra persona que a la burguesía

সুতরাং আপনাকে স্বীকার করতেই হবে যে 'ব্যক্তি' বলতে বুর্জোয়া ছাড়া অন্য লোক বোঝায় না

Debes confesar que se refiere específicamente al propietario de una propiedad de clase media

আপনাকে অবশ্যই স্বীকার করতে হবে যে এটি বিশেষভাবে সম্পত্তির মধ্যবিত্ত মালিককে বোঝায়

Esta persona debe, en verdad, ser barrida del camino, y hecha imposible

এই ব্যক্তিকে অবশ্যই পথ থেকে সরিয়ে দিতে হবে এবং অসম্ভব করে তুলতে হবে

El comunismo no priva a ningún hombre del poder de apropiarse de los productos de la sociedad

কমিউনিজম কোনো মানুষকে সমাজের উৎপাদিত পণ্যকে আত্মসাৎ করার ক্ষমতা থেকে বঞ্চিত করে না

todo lo que hace el comunismo es privarlo del poder de subyugar el trabajo de otros por medio de tal apropiación

কমিউনিজম যা করে তা হল তাকে এই ধরনের দখলের মাধ্যমে অন্যের শ্রমকে বশীভূত করার ক্ষমতা থেকে বঞ্চিত করা

Se ha objetado que, tras la abolición de la propiedad privada, cesará todo trabajo

আপত্তি করা হয়েছে যে ব্যক্তিগত সম্পত্তির উচ্ছেদ হলে সমস্ত কাজ বন্ধ হয়ে যাবে

y entonces se sugiere que la pereza universal se apoderará de nosotros

এবং তখন পরামর্শ দেওয়া হয় যে সর্বজনীন আলস্য আমাদের অভিভূত করবে

De acuerdo con esto, la sociedad burguesa debería haber ido hace mucho tiempo a los perros por pura ociosidad

এই মতে, বুর্জোয়া সমাজের অনেক আগেই নিছক অলসতার মাধ্যমে কুকুরের কাছে যাওয়া উচিত ছিল

porque los de sus miembros que trabajan, no adquieren nada

কারণ এর সদস্যদের মধ্যে যারা কাজ করে, তারা কিছুই অর্জন করে না

y los de sus miembros que adquieren algo, no trabajan

আর তার সদস্যদের মধ্যে যারা কিছু অর্জন করে, তারা কাজ করে না

Toda esta objeción no es más que otra expresión de la tautología

এই আপত্তির পুরোটাই টাউটোলজির আরেকটা প্রকাশ মাত্র

Ya no puede haber trabajo asalariado cuando ya no hay capital

পুঁজি না থাকলে মজুরি-শ্রম আর থাকতে পারে না

No hay diferencia entre los productos materiales y los productos mentales

উপাদান পণ্য এবং মানসিক পণ্য মধ্যে কোন পার্থক্য নেই

El comunismo propone que ambos se producen de la misma manera

কমিউনিজম প্রস্তাব এই উভয় একই ভাবে উত্পাদিত হয়

pero las objeciones contra los modos comunistas de producirlos son las mismas

কিন্তু এগুলো উৎপাদনের কমিউনিস্ট পদ্ধতির বিরুদ্ধে আপত্তি একই

para la burguesía, la desaparición de la propiedad de clase es la desaparición de la producción misma

বুর্জোয়াদের কাছে শ্রেণী সম্পত্তির লোপ মানে উৎপাদনের অন্তর্ধান

De modo que la desaparición de la cultura de clase es para él idéntica a la desaparición de toda cultura

সুতরাং শ্রেণী সংস্কৃতির বিলুপ্তি তার কাছে সকল সংস্কৃতির বিলুপ্তির সমতুল্য

Esa cultura, cuya pérdida lamenta, es para la inmensa mayoría un mero entrenamiento para actuar como una máquina

সেই সংস্কৃতি, যার ক্ষতি নিয়ে তিনি দুঃখ প্রকাশ করেন, বিপুল সংখ্যাগরিষ্ঠের কাছে এটি একটি যন্ত্রের মতো কাজ করার নিছক প্রশিক্ষণ

Los comunistas tienen la firme intención de abolir la cultura de la propiedad burguesa

কমিউনিস্টরা বুর্জোয়া সম্পত্তির সংস্কৃতি বিলুপ্ত করতে চায়

Pero no discutan con nosotros mientras apliquen el estándar de sus nociones burguesas de libertad, cultura, ley, etc

কিন্তু আমাদের সাথে তর্ক করবেন না যতক্ষণ পর্যন্ত আপনি স্বাধীনতা, সংস্কৃতি, আইন ইত্যাদি সম্পর্কে আপনার বুর্জোয়া ধারণার মানদণ্ড প্রয়োগ করবেন না

Vuestras mismas ideas no son más que el resultado de las condiciones de la producción burguesa y de la propiedad burguesa

আপনার ধারণাই আপনার বুর্জোয়া উৎপাদন ও বুর্জোয়া সম্পত্তির অবস্থার বহিঃপ্রকাশ ছাড়া

del mismo modo que vuestra jurisprudencia no es más que la voluntad de vuestra clase convertida en ley para todos

ঠিক যেমন আপনার আইনশাস্ত্র আপনার শ্রেণীর ইচ্ছা সকলের জন্য একটি আইনে পরিণত হয়েছে

El carácter esencial y la dirección de esta voluntad están determinados por las condiciones económicas que crea su clase social

এই ইচ্ছার অপরিহার্য চরিত্র এবং দিকটি আপনার সামাজিক শ্রেণি তৈরি করা অর্থনৈতিক অবস্থার দ্বারা নির্ধারিত হয়

El concepto erróneo egoísta que te induce a transformar las formas sociales en leyes eternas de la naturaleza y de la razón

স্বার্থপর ভ্রান্ত ধারণা যা আপনাকে সামাজিক রূপকে প্রকৃতি ও যুক্তির চিরন্তন নিয়মে রূপান্তরিত করতে প্ররোচিত করে

las formas sociales que brotan de vuestro actual modo de producción y de vuestra forma de propiedad

আপনার বর্তমান উৎপাদন পদ্ধতি এবং সম্পত্তির রূপ থেকে উদ্ভূত সামাজিক রূপগুলি

relaciones históricas que surgen y desaparecen en el progreso de la producción

ঐতিহাসিক সম্পর্ক যা উৎপাদনের অগ্রগতিতে উত্থান এবং অদৃশ্য হয়ে যায়

Este concepto erróneo lo compartes con todas las clases dominantes que te han precedido

এই ভুল ধারণাটি আপনি আপনার পূর্ববর্তী প্রতিটি শাসক শ্রেণীর সাথে ভাগ করে নেন

Lo que se ve claramente en el caso de la propiedad antigua, lo que se admite en el caso de la propiedad feudal

প্রাচীন সম্পত্তির ক্ষেত্রে আপনি যা স্পষ্ট দেখতে পান, সামন্ততান্ত্রিক সম্পত্তির ক্ষেত্রে আপনি যা স্বীকার করেন

estas cosas, por supuesto, le está prohibido admitir en el caso de su propia forma burguesa de propiedad

আপনার নিজের বুর্জোয়া সম্পত্তির ক্ষেত্রে এই জিনিসগুলি অবশ্যই স্বীকার করতে নিষেধ করা হয়েছে

¡Abolición de la familia! Hasta los más radicales estallan ante esta infame propuesta de los comunistas

সংসার বিলুপ্তি! এমনকি কমিউনিস্টদের এই কুখ্যাত প্রস্তাবে সবচেয়ে মৌলবাদী জ্বলে ওঠে

¿Sobre qué base se asienta la familia actual, la familia Bourgeoisie?

বর্তমান পরিবার, বুর্জোয়া পরিবার কোন্ ভিত্তির উপর প্রতিষ্ঠিত?

La base de la familia actual se basa en el capital y la ganancia privada

বর্তমান পরিবারের ভিত্তি মূলধন এবং ব্যক্তিগত লাভের উপর ভিত্তি করে

En su forma completamente desarrollada, esta familia sólo existe entre la burguesía

সম্পূর্ণ বিকশিত রূপে এই পরিবার কেবল বুর্জোয়াদের মধ্যেই টিকে আছে

Este estado de cosas encuentra su complemento en la ausencia práctica de la familia entre los proletarios

প্রলেতারিয়েতদের মধ্যে পরিবারের ব্যবহারিক অনুপস্থিতিতে এই অবস্থা তার পরিপূরক খুঁজে পায়

Este estado de cosas se puede encontrar en la prostitución pública

প্রকাশ্য পতিতাবৃত্তিতে এই অবস্থা দেখা যায়

La familia Bourgeoisie se desvanecerá como algo natural cuando su complemento se desvanezca

বুর্জোয়া পরিবার বিলুপ্ত হয়ে যাবে যখন তার পরিপূরক বিলুপ্ত হবে

y ambos se desvanecerán con la desaparición del capital

আর এই দুটোই পুঁজির বিলুপ্তির সাথে সাথে বিলুপ্ত হয়ে যাবে

¿Nos acusan de querer detener la explotación de los niños por parte de sus padres?

পিতামাতার দ্বারা শিশুদের শোষণ বন্ধ করতে চাওয়ার জন্য আপনি কি আমাদের অভিযুক্ত করেন?

De este crimen nos declaramos culpables

এই অপরাধের জন্য আমরা দোষী সাব্যস্ত

Pero, dirás, destruimos la más sagrada de las relaciones, cuando reemplazamos la educación en el hogar por la educación social

কিন্তু আপনারা বলবেন, আমরা সবচেয়ে পবিত্রতম সম্পর্ককে ধ্বংস করি যখন আমরা পারিবারিক শিক্ষাকে সামাজিক শিক্ষা দ্বারা প্রতিস্থাপিত করি

¿No es también social su educación? ¿Y no está determinado por las condiciones sociales en las que se educa?

আপনার শিক্ষাও কি সামাজিক নয়? আর এটা কি সেই সামাজিক অবস্থার দ্বারা নির্ধারিত হয় না, যার অধীনে আপনি শিক্ষিত হন?

por la intervención, directa o indirecta, de la sociedad, por medio de las escuelas, etc.

সমাজের প্রত্যক্ষ বা পরোক্ষ হস্তক্ষেপের মাধ্যমে, বিদ্যালয় ইত্যাদির মাধ্যমে।

Los comunistas no han inventado la intervención de la sociedad en la educación

শিক্ষায় সমাজের হস্তক্ষেপ কমিউনিস্টরা আবিষ্কার করেনি

lo único que pretenden es alterar el carácter de esa intervención

তারা কেবল সেই হস্তক্ষেপের চরিত্র পরিবর্তন করতে চায়

y buscan rescatar la educación de la influencia de la clase dominante

এবং তারা শাসক শ্রেণীর প্রভাব থেকে শিক্ষাকে উদ্ধার করতে চায়

La burguesía habla de la sagrada correlación entre padres e hijos

বুর্জোয়ারা পিতা-মাতা ও সন্তানের পবিত্র সহাবস্থানের কথা বলে

pero esta trampa sobre la familia y la educación se vuelve aún más repugnante cuando miramos a la industria moderna

কিন্তু পরিবার ও শিক্ষা নিয়ে এই হাততালির ফাঁদ আরও ঘৃণ্য হয়ে ওঠে যখন আমরা আধুনিক শিল্পের দিকে তাকাই

Todos los lazos familiares entre los proletarios son desgarrados por la industria moderna

প্রলেতারিয়েতদের মধ্যে সমস্ত পারিবারিক বন্ধন আধুনিক শিল্পের দ্বারা ছিন্নভিন্ন হয়ে গেছে

Sus hijos se transforman en simples artículos de comercio e instrumentos de trabajo

তাদের সন্তানরা সাধারণ বাণিজ্য ও শ্রমের উপকরণে রূপান্তরিত হয়

Pero vosotros, los comunistas, creáis una comunidad de mujeres, grita a coro toda la burguesía

কিন্তু তোমরা কমিউনিস্টরা মেয়েদের একটা সমাজ তৈরি করবে, গোটা বুর্জোয়ারা কোরাস বলে চিৎকার করে উঠবে

La burguesía ve en su mujer un mero instrumento de producción

বুর্জোয়ারা তার স্ত্রীর মধ্যে উৎপাদনের নিছক হাতিয়ার দেখতে পায়

Oye que los instrumentos de producción deben ser explotados por todos

তিনি শুনেছেন, উৎপাদনের হাতিয়ারগুলো সকলকে কাজে লাগাতে হবে

Y, naturalmente, no puede llegar a otra conclusión que la de que la suerte de ser común a todos recaerá igualmente en las mujeres

এবং, স্বাভাবিকভাবেই, তিনি অন্য কোনও সিদ্ধান্তে আসতে পারেন না যে সকলের কাছে সাধারণ হওয়ার ভাগ্য একইভাবে মহিলাদের উপর পড়বে

Ni siquiera sospecha que el verdadero objetivo es acabar con la condición de la mujer como meros instrumentos de producción

নারীকে নিছক উৎপাদনের হাতিয়ার হিসেবে মর্যাদা বিলুপ্ত করাই যে আসল কথা সে বিষয়ে তার বিন্দুমাত্র সন্দেহ নেই

Por lo demás, nada es más ridículo que la virtuosa indignación de nuestra burguesía contra la comunidad de mujeres

বাকিদের জন্য, নারী সমাজের উপর আমাদের বুর্জোয়াদের পুণ্যময় ক্রোধের চেয়ে হাস্যকর আর কিছু নেই

pretenden que sea abierta y oficialmente establecida por los comunistas

তারা ভান করে যে এটি কমিউনিস্টদের দ্বারা প্রকাশ্যে এবং আনুষ্ঠানিকভাবে প্রতিষ্ঠিত

Los comunistas no tienen necesidad de introducir la comunidad de mujeres, ha existido casi desde tiempos inmemoriales

কমিউনিস্টদের নারী সমাজ চালু করার কোন প্রয়োজন নেই, এটা প্রায় অনাদিকাল থেকেই বিদ্যমান ছিল

Nuestra burguesía no se contenta con tener a su disposición a las mujeres e hijas de sus proletarios

আমাদের বুর্জোয়ারা তাদের প্রলেতারিয়েতদের স্ত্রী ও কন্যাদের হাতে পেয়ে সন্তুষ্ট নয়

Tienen el mayor placer en seducir a las esposas de los demás

তারা একে অপরের স্ত্রীদের প্রলুব্ধ করে সবচেয়ে বেশি আনন্দ পায়

Y eso sin hablar de las prostitutas comunes

আর সেটা সাধারণ পতিতাদের কথাও বলার অপেক্ষা রাখে না

El matrimonio burgués es en realidad un sistema de esposas en común

বুর্জোয়া বিবাহ প্রকৃতপক্ষে স্ত্রীদের একটি সাধারণ ব্যবস্থা

entonces hay una cosa que se podría reprochar a los comunistas

তাহলে একটা জিনিস নিয়ে কমিউনিস্টদের তিরস্কার করা যেতে পারে

Desean introducir una comunidad de mujeres abiertamente legalizada

তারা মহিলাদের একটি প্রকাশ্যে বৈধ সম্প্রদায় প্রবর্তন করতে চায়

en lugar de una comunidad de mujeres hipócritamente oculta

বরং কপট লুকিয়ে থাকা নারীর সম্প্রদায়

la comunidad de mujeres que surgen del sistema de producción

উৎপাদন ব্যবস্থা থেকে উদ্ভূত নারী সমাজ

abolid el sistema de producción y abolid la comunidad de mujeres

উৎপাদন ব্যবস্থার বিলুপ্তি দাও, নারী সমাজকে উচ্ছেদ কর

Se suprime la prostitución pública y la prostitución privada

উভয় পাবলিক পতিতাবৃত্তি বিলুপ্ত করা হয়, এবং ব্যক্তিগত পতিতাবৃত্তি

A los comunistas se les reprocha, además, que desean abolir los países y las nacionalidades

কমিউনিস্টরা দেশ ও জাতীয়তা বিলুপ্ত করার আকাঙ্ক্ষায় আরও বেশি তিরস্কৃত হয়

Los trabajadores no tienen patria, así que no podemos quitarles lo que no tienen

শ্রমজীবী মানুষের কোনো দেশ নেই, তাই তারা যা পায়নি তা আমরা তাদের কাছ থেকে কেড়ে নিতে পারি না

El proletariado debe, ante todo, adquirir la supremacía política

সর্বহারা শ্রেণীকে সর্বপ্রথম রাজনৈতিক আধিপত্য অর্জন করতে হবে

El proletariado debe elevarse para ser la clase dirigente de la nación

সর্বহারা শ্রেণীকে জাতির নেতৃত্বদানকারী শ্রেণী হিসেবে গড়ে উঠতে হবে

El proletariado debe constituirse en la nación

সর্বহারা শ্রেণীকে অবশ্যই জাতি গঠন করতে হবে

es, hasta ahora, nacional, aunque no en el sentido burgués de la palabra

বুর্জোয়া অর্থে না হলেও এটি এখন পর্যন্ত জাতীয়তাবাদী

Las diferencias nacionales y los antagonismos entre los pueblos desaparecen cada día más

মানুষে মানুষে মানুষে জাতীয় পার্থক্য ও বৈরিতা দিন দিন বিলুপ্ত হয়ে যাচ্ছে

debido al desarrollo de la burguesía, a la libertad de comercio, al mercado mundial

বুর্জোয়াদের বিকাশের কারণে, বাণিজ্যের স্বাধীনতার কারণে, বিশ্ববাজারের স্বাধীনতার কারণে

a la uniformidad en el modo de producción y en las condiciones de vida correspondientes

উৎপাদন পদ্ধতি এবং তার সাথে সংশ্লিষ্ট জীবনের অবস্থার মধ্যে অভিন্নতা

La supremacía del proletariado hará que desaparezcan aún más rápidamente

প্রলেতারিয়েতের আধিপত্য তাদের আরও দ্রুত বিলুপ্ত করে তুলবে

La acción unida, al menos de los principales países civilizados, es una de las primeras condiciones para la emancipación del proletariado

অন্ততঃ নেতৃস্থানীয় সভ্য দেশগুলির ঐক্যবদ্ধ পদক্ষেপ সর্বহারা শ্রেণীর মুক্তির প্রথম শর্তগুলির মধ্যে একটি

En la medida en que se ponga fin a la explotación de un individuo por otro, también se pondrá fin a la explotación de una nación por otra.

ব্যক্তির উপর ব্যক্তির শোষণ যে অনুপাতে শেষ করা হবে, এক জাতির উপর অন্য জাতির শোষণও সেই অনুপাতে শেষ করা হবে

A medida que desaparezca el antagonismo entre las clases dentro de la nación, la hostilidad de una nación hacia otra llegará a su fin

জাতির অভ্যন্তরে শ্রেণীসমূহের মধ্যকার বৈরিতা যে অনুপাতে বিলুপ্ত হবে, এক জাতির সাথে অন্য জাতির বৈরিতার অবসান ঘটবে

Las acusaciones contra el comunismo hechas desde un punto de vista religioso, filosófico y, en general, ideológico, no merecen un examen serio

ধর্মীয়, দার্শনিক এবং সাধারণভাবে মতাদর্শগত দৃষ্টিকোণ থেকে কমিউনিজমের বিরুদ্ধে যে অভিযোগ আনা হয়েছে, তা গুরুতর পরীক্ষার দাবি রাখে না

¿Se requiere una intuición profunda para comprender que las ideas, puntos de vista y concepciones del hombre cambian con cada cambio en las condiciones de su existencia material?

বস্তুগত অস্তিত্বের প্রতিটি পরিবর্তনের সাথে সাথে মানুষের চিন্তাধারা, দৃষ্টিভঙ্গি ও ধ্যান-ধারণা যে পরিবর্তিত হয়, তা বোঝার জন্য কি গভীর অন্তর্দৃষ্টির প্রয়োজন আছে?

¿No es obvio que la conciencia del hombre cambia cuando cambian sus relaciones sociales y su vida social?

এটা কি স্পষ্ট নয় যে, মানুষের চেতনার পরিবর্তন ঘটে যখন তার সামাজিক সম্পর্ক ও সামাজিক জীবন পরিবর্তিত হয়?

¿Qué otra cosa prueba la historia de las ideas sino que la producción intelectual cambia de carácter a medida que cambia la producción material?

বস্তুগত উৎপাদনের পরিবর্তনের সাথে সাথে বুদ্ধিবৃত্তিক উৎপাদন যে অনুপাতে তার চরিত্র পরিবর্তন করে, এ ছাড়া ধারণার ইতিহাস আর কী প্রমাণ করে?

Las ideas dominantes de cada época han sido siempre las ideas de su clase dominante

প্রত্যেক যুগের শাসক শ্রেণীর ধারণা চিরকালই তার শাসক শ্রেণীর ধারণা ছিল

Cuando se habla de ideas que revolucionan la sociedad, no hace más que expresar un hecho

মানুষ যখন এমন ধারণার কথা বলে যা সমাজে বিপ্লব ঘটায়, তখন তারা কেবল একটি সত্য প্রকাশ করে

Dentro de la vieja sociedad, se han creado los elementos de una nueva

পুরাতন সমাজের মধ্যে নতুনের উপাদান সৃষ্টি হয়েছে

y que la disolución de las viejas ideas sigue el mismo ritmo que la disolución de las viejas condiciones de existencia

এবং অস্তিত্বের পুরাতন অবস্থার বিলুপ্তির সাথে সাথে পুরাতন ধারণার বিলুপ্তি সমান তাল মিলিয়ে চলতে থাকে

Cuando el mundo antiguo estaba en sus últimos estertores, las religiones antiguas fueron vencidas por el cristianismo

প্রাচীন বিশ্ব যখন তার শেষ প্রান্তে ছিল, তখন প্রাচীন ধর্মগুলি খ্রিস্টধর্মের দ্বারা পরাজিত হয়েছিল

Cuando las ideas cristianas sucumbieron en el siglo XVIII a las ideas racionalistas, la sociedad feudal libró su batalla a muerte contra la burguesía revolucionaria de entonces

অষ্টাদশ শতাব্দীতে খ্রিষ্টান চিন্তাধারা যখন যুক্তিবাদী ধারণার কাছে আত্মসমর্পণ করে, তখন সামন্ততান্ত্রিক সমাজ তৎকালীন বিপ্লবী বুর্জোয়াদের সঙ্গে মরণপণ যুদ্ধে লিপ্ত হয়

Las ideas de la libertad religiosa y de la libertad de conciencia no hacían más que expresar el dominio de la libre competencia en el dominio del conocimiento

ধর্মীয় স্বাধীনতা এবং বিবেকের স্বাধীনতার ধারণাগুলি কেবল জ্ঞানের ডোমেনের মধ্যে অবাধ প্রতিযোগিতার আধিপত্যকে প্রকাশ করেছিল

"Indudablemente", se dirá, "las ideas religiosas, morales, filosóficas y jurídicas se han modificado en el curso del desarrollo histórico"

বলা হবে, 'নিঃসন্দেহে ঐতিহাসিক বিকাশের ধারায় ধর্মীয়, নৈতিক, দার্শনিক ও আইনশাস্ত্রের ধারণাসমূহে সংশোধিত হয়েছে।

"Pero la religión, la filosofía de la moral, la ciencia política y el derecho, sobrevivieron constantemente a este cambio"

কিন্তু ধর্ম, নৈতিকতা, দর্শন, রাষ্ট্রবিজ্ঞান ও আইন এই পরিবর্তনকে প্রতিনিয়ত টিকিয়ে রেখেছে।

"También hay verdades eternas, como la Libertad, la Justicia, etc."

"স্বাধীনতা, ন্যায়বিচার ইত্যাদির মতো চিরন্তন সত্যও রয়েছে"

"Estas verdades eternas son comunes a todos los estados de la sociedad"

"এই চিরন্তন সত্যগুলি সমাজের সমস্ত অবস্থার জন্য সাধারণ"

"Pero el comunismo suprime las verdades eternas, suprime toda religión y toda moral"

কিন্তু কমিউনিজম চিরন্তন সত্যকেই উড়িয়ে দেয়, ধর্ম ও নৈতিকতারই উচ্ছেদ করে।

"Lo hace en lugar de constituirlos sobre una nueva base"

"এটি একটি নতুন ভিত্তিতে তাদের গঠন করার পরিবর্তে এটি করে"

"Por lo tanto, actúa en contradicción con toda la experiencia histórica pasada"

"সুতরাং এটি অতীতের সমস্ত ঐতিহাসিক অভিজ্ঞতার সাথে সাংঘর্ষিক।

¿A qué se reduce esta acusación?

এই অভিযোগ কিসের ভিত্তিতে?

La historia de toda la sociedad pasada ha consistido en el desarrollo de antagonismos de clase

অতীতের সকল সমাজের ইতিহাস শ্রেণী বিরোধের বিকাশের মধ্যে নিহিত

antagonismos que asumieron diferentes formas en diferentes épocas

বিরোধিতা যা বিভিন্ন যুগে বিভিন্ন রূপ ধারণ করেছিল

Pero cualquiera que sea la forma que hayan tomado, un hecho es común a todas las épocas pasadas

কিন্তু তারা যে রূপই ধারণ করুক না কেন, একটি সত্য অতীত যুগে সাধারণ

la explotación de una parte de la sociedad por la otra

সমাজের এক অংশকে অন্য অংশের শোষণ

No es de extrañar, pues, que la conciencia social de épocas pasadas se mueva dentro de ciertas formas comunes o ideas generales

সুতরাং আশ্চর্যের কিছু নেই যে, অতীত যুগের সামাজিক চেতনা কিছু সাধারণ রূপ বা সাধারণ ধারণার মধ্যে চলে

(y eso a pesar de toda la multiplicidad y variedad que muestra)

(এবং এটি সমস্ত বহুবিধতা এবং বৈচিত্র্য সত্ত্বেও)

y éstos no pueden desaparecer por completo sino con la desaparición total de los antagonismos de clase

এবং শ্রেণী বিরোধের সম্পূর্ণ বিলুপ্তি ছাড়া এগুলি সম্পূর্ণরূপে বিলুপ্ত হতে পারে না

La revolución comunista es la ruptura más radical con las relaciones tradicionales de propiedad

কমিউনিস্ট বিপ্লব হল ঐতিহ্যগত সম্পত্তি সম্পর্কের সাথে সবচেয়ে মৌলিক ফাটল

No es de extrañar que su desarrollo implique la ruptura más radical con las ideas tradicionales

এতে অবাক হওয়ার কিছু নেই যে এর বিকাশে ঐতিহ্যবাহী ধারণাগুলির সাথে সবচেয়ে মৌলিক ফাটল জড়িত

Pero dejemos de lado las objeciones de la burguesía al comunismo

কিন্তু কমিউনিজমের প্রতি বুর্জোয়াদের আপত্তি নিয়ে আমরা কাজ করি

Hemos visto más arriba el primer paso de la revolución de la clase obrera

শ্রমিক শ্রেণীর বিপ্লবের প্রথম ধাপ আমরা উপরে দেখেছি

Hay que elevar al proletariado a la posición de gobernante, para ganar la batalla de la democracia

গণতন্ত্রের লড়াইয়ে জয়ী হতে হলে সর্বহারা শ্রেণীকে শাসকের আসনে বসাতে হবে

El proletariado utilizará su supremacía política para arrebatar, poco a poco, todo el capital a la burguesía

প্রলেতারিয়েত তার রাজনৈতিক আধিপত্যকে ব্যবহার করে বুর্জোয়াদের কাছ থেকে সমস্ত পুঁজি ছিনিয়ে নেবে

centralizará todos los instrumentos de producción en manos del Estado

উৎপাদনের যাবতীয় উপকরণকে রাষ্ট্রের হাতে কেন্দ্রীভূত করবে

En otras palabras, el proletariado organizado como clase dominante

অন্য কথায়, সর্বহারা শ্রেণী শাসক শ্রেণী হিসাবে সংগঠিত হয়েছিল

y aumentará el total de las fuerzas productivas lo más rápidamente posible

এবং তা যত দ্রুত সম্ভব উৎপাদিকা শক্তির মোট বৃদ্ধি ঘটাবে

Por supuesto, al principio, esto no puede llevarse a cabo sino por medio de incursiones despóticas en los derechos de propiedad
অবশ্য শুরুতেই সম্পত্তির অধিকারের ওপর স্বৈরাচারী হস্তক্ষেপ ছাড়া তা কার্যকর করা যাবে না
y tiene que lograrse en las condiciones de la producción burguesa
এবং তা অর্জন করতে হবে বুর্জোয়া উৎপাদনের শর্তে
Por lo tanto, se logra mediante medidas que parecen económicamente insuficientes e insostenibles
এটি এমন পদক্ষেপের মাধ্যমে অর্জন করা হয়, যা অর্থনৈতিকভাবে অপর্যাপ্ত এবং অসমর্থনযোগ্য বলে মনে হয়
pero estos medios, en el curso del movimiento, se superan a sí mismos
কিন্তু আন্দোলন চলাকালীন এগুলোর অর্থ নিজেকে ছাড়িয়ে যায়
Requieren nuevas incursiones en el viejo orden social
তারা পুরানো সামাজিক শৃঙ্খলার উপর আরও অনুপ্রবেশ অপরিহার্য
y son ineludibles como medio de revolucionar por completo el modo de producción
এবং উৎপাদন পদ্ধতিতে সম্পূর্ণরূপে বৈপ্লবিক পরিবর্তন আনার উপায় হিসেবে এগুলো অনিবার্য
Por supuesto, estas medidas serán diferentes en los distintos países
এই ব্যবস্থা অবশ্যই বিভিন্ন দেশে ভিন্ন হবে
Sin embargo, en los países más avanzados, lo siguiente será de aplicación bastante general
তবুও সবচেয়ে উন্নত দেশগুলিতে, নিম্নলিখিতগুলি বেশ সাধারণভাবে প্রযোজ্য হবে
1. Abolición de la propiedad de la tierra y aplicación de todas las rentas de la tierra a fines públicos.
১. জমির সম্পত্তি বিলুপ্তি এবং জমির সকল খাজনা জনসাধারণের কাজে প্রয়োগ করা।
2. Un fuerte impuesto progresivo o gradual sobre la renta.
2. একটি ভারী প্রগতিশীল বা স্নাতক আয়কর।
3. Abolición de todo derecho de herencia.
৩. উত্তরাধিকারের সকল অধিকার বিলুপ্ত করা।

4. Confiscación de los bienes de todos los emigrantes y rebeldes.

৪. সকল মুহাজির ও বিদ্রোহীদের সম্পত্তি বাজেয়াপ্ত করা।

5. Centralización del crédito en manos del Estado, por medio de un banco nacional de capital estatal y monopolio exclusivo.

৫. রাষ্ট্রীয় পুঁজি এবং একচেটিয়া একচেটিয়া অধিকারী একটি জাতীয় ব্যাংকের মাধ্যমে রাষ্ট্রের হাতে ঋণের কেন্দ্রীকরণ।

6. Centralización de los medios de comunicación y transporte en manos del Estado.

৬. যোগাযোগ ও পরিবহণের মাধ্যম রাষ্ট্রের হাতে কেন্দ্রীভূতকরণ।

7. Ampliación de fábricas e instrumentos de producción propiedad del Estado

৭. রাষ্ট্রের মালিকানাধীন কারখানা ও উৎপাদন যন্ত্রের সম্প্রসারণ

la puesta en cultivo de tierras baldías y el mejoramiento del suelo en general de acuerdo con un plan común.

পতিত জমি চাষের কাজে লাগানো এবং সাধারণভাবে একটি সাধারণ পরিকল্পনা অনুযায়ী মাটির উন্নতি।

8. Igual responsabilidad de todos hacia el trabajo

৮. শ্রমের প্রতি সকলের সমান দায়বদ্ধতা

Establecimiento de ejércitos industriales, especialmente para la agricultura.

বিশেষ করে কৃষির জন্য শিল্প বাহিনী প্রতিষ্ঠা করা।

9. Combinación de la agricultura con las industrias manufactureras

৯. উৎপাদন শিল্পের সঙ্গে কৃষির সমন্বয়

Abolición gradual de la distinción entre la ciudad y el campo, por una distribución más equitativa de la población en todo el país.

ধীরে ধীরে শহর ও দেশের মধ্যে পার্থক্য বিলুপ্ত করা, সারা দেশে জনসংখ্যার আরও সমান বিতরণ দ্বারা।

10. Educación gratuita para todos los niños en las escuelas públicas.

10. পাবলিক স্কুলে সব শিশুদের জন্য বিনামূল্যে শিক্ষা।

Abolición del trabajo infantil en las fábricas en su forma actual

বর্তমান আকারে শিশু কারখানার শ্রম বিলুপ্তি
Combinación de la educación con la producción industrial
শিল্পোৎপাদনের সঙ্গে শিক্ষার সমন্বয়
Cuando, en el curso del desarrollo, las distinciones de clase han desaparecido
যখন বিকাশের ধারায় শ্রেণীবৈষম্য বিলুপ্ত হয়ে গেছে
y cuando toda la producción se ha concentrado en manos de una vasta asociación de toda la nación
এবং যখন সমস্ত উৎপাদন সমগ্র জাতির এক বিশাল সমিতির হাতে কেন্দ্রীভূত হয়েছে
entonces el poder público perderá su carácter político
তখন গণশক্তি তার রাজনৈতিক চরিত্র হারাবে
El poder político, propiamente dicho, no es más que el poder organizado de una clase para oprimir a otra
রাজনৈতিক ক্ষমতা, যথাযথভাবে তথাকথিত, অন্য শ্রেণীকে নিপীড়ন করার জন্য এক শ্রেণীর সংগঠিত শক্তি মাত্র।
Si el proletariado, en su lucha contra la burguesía, se ve obligado, por la fuerza de las circunstancias, a organizarse como clase
বুর্জোয়াদের সঙ্গে প্রতিযোগিতার সময় প্রলেতারিয়েত যদি পরিস্থিতির জোরে নিজেকে একটা শ্রেণী হিসেবে সংগঠিত করতে বাধ্য হয়
si, por medio de una revolución, se convierte en la clase dominante
যদি, বিপ্লবের মাধ্যমে, এটি নিজেকে শাসক শ্রেণীতে পরিণত করে
y, como tal, barre por la fuerza las viejas condiciones de producción
এবং, যেমন, এটি উত্পাদনের পুরানো শর্তগুলিকে জোর করে ধুয়ে দেয়
entonces, junto con estas condiciones, habrá barrido las condiciones para la existencia de los antagonismos de clase y de las clases en general
তখন এই শর্তাবলীর সাথে সাথে শ্রেণী বৈরিতা ও সাধারণভাবে শ্রেণীর অস্তিত্বের শর্তকেও ধুয়ে মুছে ফেলবে
y con ello habrá abolido su propia supremacía como clase.
এবং এর ফলে শ্রেণী হিসেবে নিজেদের আধিপত্য বিলুপ্ত হবে।
En lugar de la vieja sociedad burguesa, con sus clases y sus antagonismos de clase, tendremos una asociación

পুরাতন বুর্জোয়া সমাজের পরিবর্তে, তার শ্রেণী ও শ্রেণী বিরোধিতার সাথে আমাদের একটি সমিতি থাকবে

una asociación en la que el libre desarrollo de cada uno sea la condición para el libre desarrollo de todos

এমন একটি সমিতি যেখানে প্রত্যেকের অবাধ বিকাশ সকলের অবাধ বিকাশের শর্ত

1) Socialismo reaccionario
১) প্রতিক্রিয়াশীল সমাজতন্ত্র

a) Socialismo feudal
ক) সামন্ততান্ত্রিক সমাজতন্ত্র

las aristocracias de Francia e Inglaterra tenían una posición
histórica única
ফ্রান্স এবং ইংল্যান্ডের অভিজাতদের একটি অনন্য ঐতিহাসিক
অবস্থান ছিল

se convirtió en su vocación escribir panfletos contra la
sociedad burguesa moderna
আধুনিক বুর্জোয়া সমাজের বিরুদ্ধে পুস্তিকা লেখা তাদের পেশায়
পরিণত হয়েছিল

En la Revolución Francesa de julio de 1830 y en la agitación
reformista inglesa
1830 সালের জুলাইয়ের ফরাসি বিপ্লবে এবং ইংরেজ সংস্কার
আন্দোলনে

Estas aristocracias sucumbieron de nuevo ante el odioso
advenedizo
এই অভিজাতরা আবার ঘৃণ্য উত্থানের কাছে আত্মসমর্পণ করেছিল

A partir de entonces, una contienda política seria quedó
totalmente fuera de discusión
এরপর থেকে গুরুতর রাজনৈতিক প্রতিদ্বন্দ্বিতার প্রশ্নই ওঠে না

Todo lo que quedaba posible era una batalla literaria, no
una batalla real
যা কিছু সম্ভব ছিল তা ছিল সাহিত্যের লড়াই, প্রকৃত লড়াই নয়

Pero incluso en el dominio de la literatura, los viejos gritos
del período de la restauración se habían vuelto imposibles
কিন্তু সাহিত্যের ক্ষেত্রেও পুনঃস্থাপনের সময়ের পুরনো হাহাকার
অসম্ভব হয়ে পড়েছিল

Para despertar simpatías, la aristocracia se vio obligada a
perder de vista, aparentemente, sus propios intereses
সহানুভূতি জাগ্রত করার জন্য, অভিজাতরা স্পষ্টতই তাদের নিজস্ব
স্বার্থের প্রতি দৃষ্টি হারাতে বাধ্য হয়েছিল

y se vieron obligados a formular su acusación contra la
burguesía en interés de la clase obrera explotada

এবং তারা শোষিত শ্রমিক শ্রেণীর স্বার্থে বুর্জোয়াদের বিরুদ্ধে তাদের অভিযোগ গঠন করতে বাধ্য হয়েছিল

Así, la aristocracia se vengó cantando sátiras a su nuevo amo

এইভাবে অভিজাতরা তাদের নতুন মনিবের উপর ল্যাম্পুন গেয়ে তাদের প্রতিশোধ নিয়েছিল

y se vengaron susurrándole al oído siniestras profecías de catástrofe venidera

এবং তারা তার কানে ফিসফিস করে আসন্ন বিপর্যয়ের অশুভ ভবিষ্যদ্বাণী বলে প্রতিশোধ নিয়েছিল

De esta manera surgió el socialismo feudal: mitad lamentación, mitad sátira

এভাবেই গড়ে ওঠে সামন্ততান্ত্রিক সমাজতন্ত্র: অর্ধেক বিলাপ, আরেক ল্যাম্পুন

Sonaba como medio eco del pasado y proyectaba mitad amenaza del futuro

এটি অতীতের অর্ধেক প্রতিধ্বনি এবং ভবিষ্যতের অর্ধেক বিপদের প্রক্ষেপণ হিসাবে বেজে ওঠে

a veces, con su crítica amarga, ingeniosa e incisiva, golpeó a la burguesía hasta la médula

মাঝে মাঝে, এর তিক্ত, রসিক এবং তীক্ষ্ণ সমালোচনার মাধ্যমে, এটি বুর্জোয়াদের হৃদয়ের অন্তঃস্থলে আঘাত করেছিল

pero siempre fue ridículo en su efecto, por su total incapacidad para comprender la marcha de la historia moderna

কিন্তু আধুনিক ইতিহাসের অগ্রযাত্রা অনুধাবনে সম্পূর্ণ অক্ষমতার কারণে এর প্রভাবটি সর্বদা হাস্যকর ছিল

La aristocracia, con el fin de atraer al pueblo hacia ellos, agitaba la bolsa de limosnas proletaria delante como una bandera

অভিজাত শ্রেণী জনগণকে তাদের কাছে জড়ো করার জন্য সর্বহারা ভিক্ষা-থলি সামনে একটি ব্যানারের জন্য নাড়াচাড়া করে

Pero el pueblo, tan a menudo como se unía a ellos, veía en sus cuartos traseros los antiguos escudos de armas feudales

কিন্তু জনগণ, যতবার তাদের সাথে যোগ দিয়েছিল, তাদের পশ্চাতে পুরানো সামন্ততান্ত্রিক অস্ত্রের কোট দেখতে পেয়েছিল

y desertaron con carcajadas ruidosas e irreverentes

এবং তারা উচ্চস্বরে এবং অযৌক্তিক হাসিতে চলে গেল

Un sector de los legitimistas franceses y de la "Joven Inglaterra" exhibió este espectáculo

ফরাসি লেজিটিমিস্ট এবং "ইয়ং ইংল্যান্ড" এর একটি অংশ এই দৃশ্যটি প্রদর্শন করেছিল

los feudales señalaban que su modo de explotación era diferente al de la burguesía

সামন্তবাদীরা দেখিয়েছে যে তাদের শোষণের পদ্ধতি বুর্জোয়াদের থেকে আলাদা

Los feudales olvidan que explotaron en circunstancias y condiciones muy diferentes

সামন্তবাদীরা ভুলে যায় যে তারা সম্পূর্ণ ভিন্ন পরিস্থিতিতে এবং পরিস্থিতিতে শোষণ করেছিল

Y no se dieron cuenta de que tales métodos de explotación ahora son anticuados

এবং তারা খেয়াল করেনি যে শোষণের এই পদ্ধতিগুলি এখন প্রাচীনতম

demostraron que, bajo su gobierno, el proletariado moderno nunca existió

তারা দেখিয়েছে যে, তাদের শাসনামলে আধুনিক প্রলেতারিয়েতের অস্তিত্ব কখনোই ছিল না

pero olvidan que la burguesía moderna es el vástago necesario de su propia forma de sociedad

কিন্তু তারা ভুলে যায় যে আধুনিক বুর্জোয়ারা তাদের নিজস্ব রূপের সমাজের প্রয়োজনীয় সন্তান

Por lo demás, apenas ocultan el carácter reaccionario de su crítica

বাকিদের জন্য তারা তাদের সমালোচনার প্রতিক্রিয়াশীল চরিত্র খুব কমই গোপন করে

su principal acusación contra la burguesía es la siguiente

বুর্জোয়াদের বিরুদ্ধে তাদের প্রধান অভিযোগের পরিমাণ নিম্নরূপ

bajo el régimen de la burguesía se está desarrollando una clase social

বুর্জোয়া শাসনের অধীনে একটি সামাজিক শ্রেণি গড়ে উঠছে

Esta clase social está destinada a cortar de raíz el viejo orden de la sociedad

এই সামাজিক শ্রেণীর নিয়তি সমাজের পুরনো ব্যবস্থার শিকড় কেটে শাখা প্রশাখা বিস্তার করে

Lo que reprochan a la burguesía no es tanto que cree un proletariado

তারা বুর্জোয়াদের যে দাপট দেখায় তা এতটা নয় যে এটি একটি সর্বহারা শ্রেণী তৈরি করে

lo que reprochan a la burguesía es más bien que crea un proletariado revolucionario

বুর্জোয়াদের তারা যা দিয়ে উচ্চারণ করে তা আরও বেশি করে যে এটি একটি বিপ্লবী সর্বহারা শ্রেণী তৈরি করে

En la práctica política, por lo tanto, se unen a todas las medidas coercitivas contra la clase obrera

রাজনৈতিক অনুশীলনে, তাই তারা শ্রমিক শ্রেণীর বিরুদ্ধে সমস্ত জবরদস্তিমূলক ব্যবস্থায় যোগ দেয়

Y en la vida ordinaria, a pesar de sus frases altisonantes, se inclinan a recoger las manzanas de oro que caen del árbol de la industria

আর সাধারণ জীবনে, উচ্চমার্গীয় বাক্য সত্ত্বেও তারা শিল্পের বৃক্ষ থেকে ঝরে পড়া সোনালী আপেল কুড়িয়ে নিতে ঝাঁপিয়ে পড়ে

y trocan la verdad, el amor y el honor por el comercio de lana, azúcar de remolacha y aguardiente de patata

এবং তারা পশম, বিটরুট-চিনি এবং আলুর স্পিরিটে বাণিজ্যের জন্য সত্য, ভালবাসা এবং সম্মান বিনিময় করে

Así como el párroco ha ido siempre de la mano con el terrateniente, así también lo ha hecho el socialismo clerical con el socialismo feudal

জমিদারের সঙ্গে যেমন ধর্মযাজক হাত মিলিয়েছেন, তেমনি সামন্ততান্ত্রিক সমাজতন্ত্রের সঙ্গে কেরানি সমাজতন্ত্রও হাত মিলিয়েছে

Nada es más fácil que dar al ascetismo cristiano un tinte socialista

খ্রিস্টান সন্ন্যাসকে সমাজতান্ত্রিক আভা দেওয়ার চেয়ে সহজ আর কিছুই নেই

¿No ha declamado el cristianismo contra la propiedad privada, contra el matrimonio, contra el Estado?

খ্রিস্টধর্ম কি ব্যক্তিগত সম্পত্তির বিরুদ্ধে, বিবাহের বিরুদ্ধে, রাষ্ট্রের বিরুদ্ধে ঘোষণা করে না?

¿No ha predicado el cristianismo en lugar de estos, la caridad y la pobreza?

খ্রিস্টধর্ম কি এগুলোর স্থলে প্রচার করেনি, দান ও দারিদ্র্য?
¿Acaso el cristianismo no predica el celibato y la mortificación de la carne, la vida monástica y la Madre Iglesia?
খ্রিস্টধর্ম কি মাংস, সন্ন্যাসী জীবন এবং মাদার চার্চের ব্রহ্মচর্য এবং মর্মবৃত্তির প্রচার করে না?
El socialismo cristiano no es más que el agua bendita con la que el sacerdote consagra los ardores del corazón del aristócrata
খ্রিষ্টান সমাজতন্ত্র সেই পবিত্র জল মাত্র, যা দিয়ে পুরোহিত অভিজাতদের হৃদয়দহনকে পবিত্র করেন

b) Socialismo pequeñoburgués

খ) পেটি-বুর্জোয়া সমাজতন্ত্র

La aristocracia feudal no fue la única clase arruinada por la burguesía

সামন্ততান্ত্রিক অভিজাততন্ত্রই একমাত্র শ্রেণী নয় যারা বুর্জোয়াদের দ্বারা ধ্বংস হয়েছিল

no fue la única clase cuyas condiciones de existencia languidecieron y perecieron en la atmósfera de la sociedad burguesa moderna

আধুনিক বুর্জোয়া সমাজের পরিবেশে অস্তিত্বের শর্ত বিনষ্ট ও বিলুপ্ত হয়ে যাওয়া একমাত্র শ্রেণি নয়

Los burgueses medievales y los pequeños propietarios campesinos fueron los precursores de la burguesía moderna

মধ্যযুগীয় বার্জেস এবং ক্ষুদ্র কৃষক মালিকরা আধুনিক বুর্জোয়াদের অগ্রদূত ছিলেন

En los países poco desarrollados, industrial y comercialmente, estas dos clases siguen vegetando una al lado de la otra

যেসব দেশে শিল্প ও বাণিজ্যিকভাবে স্বল্পোন্নত, সেখানে এই দুই শ্রেণি এখনো পাশাপাশি বসবাস করছে

y mientras tanto la burguesía se levanta junto a ellos: industrial, comercial y políticamente

এবং এরই মধ্যে বুর্জোয়ারা তাদের পাশে উঠে দাঁড়ায়: শিল্পগতভাবে, বাণিজ্যিকভাবে এবং রাজনৈতিকভাবে

En los países donde la civilización moderna se ha desarrollado plenamente, se ha formado una nueva clase de pequeña burguesía

যেসব দেশে আধুনিক সভ্যতা পরিপূর্ণভাবে বিকশিত হয়েছে, সেখানে পেটি বুর্জোয়াদের একটি নতুন শ্রেণি গড়ে উঠেছে

esta nueva clase social fluctúa entre el proletariado y la burguesía

এই নতুন সামাজিক শ্রেণী সর্বহারা শ্রেণী ও বুর্জোয়াদের মধ্যে ওঠানামা করে

y siempre se renueva como parte complementaria de la sociedad burguesa

এবং এটি বুর্জোয়া সমাজের পরিপূরক অংশ হিসাবে নিজেকে সর্বদা পুননবীকরণ করছে
Sin embargo, los miembros individuales de esta clase son constantemente arrojados al proletariado
এই শ্রেণীর স্বতন্ত্র সদস্যদেরকে অবশ্য ক্রমাগত সর্বহারা শ্রেণীতে নিক্ষেপ করা হচ্ছে
son absorbidos por el proletariado a través de la acción de la competencia
প্রতিযোগিতার ক্রিয়ার মাধ্যমে তারা সর্বহারা শ্রেণী দ্বারা চুষে খায়
A medida que la industria moderna se desarrolla, incluso ven acercarse el momento en que desaparecerán por completo como sección independiente de la sociedad moderna
আধুনিক শিল্পের বিকাশের সাথে সাথে তারা এমনকি সেই মুহুর্তটি এগিয়ে আসতে দেখছে যখন তারা আধুনিক সমাজের একটি স্বাধীন বিভাগ হিসাবে সম্পূর্ণরূপে অদৃশ্য হয়ে যাবে
Serán reemplazados, en las manufacturas, la agricultura y el comercio, por vigilantes, alguaciles y tenderos
উৎপাদন, কৃষি ও বাণিজ্য ক্ষেত্রে তাদের পরিবর্তে উপরক্ষক, বেলিফ এবং দোকানদারদের দ্বারা প্রতিস্থাপিত হবে
En países como Francia, donde los campesinos constituyen mucho más de la mitad de la población
ফ্রান্সের মতো দেশে, যেখানে কৃষকরা জনসংখ্যার অর্ধেকেরও বেশি
era natural que hubiera escritores que se pusieran del lado del proletariado contra la burguesía
এটা স্বাভাবিক ছিল যে বুর্জোয়াদের বিরুদ্ধে প্রলেতারিয়েতের পক্ষ নেওয়া লেখকরা আছেন
en su crítica al régimen burgués utilizaron el estandarte de la pequeña burguesía campesina
বুর্জোয়া শাসনের সমালোচনায় তারা কৃষক ও ক্ষুদে বুর্জোয়াদের মানদণ্ড ব্যবহার করেছিল
Y desde el punto de vista de estas clases intermedias, toman el garrote de la clase obrera
এবং এই মধ্যবর্তী শ্রেণীর দৃষ্টিকোণ থেকে তারা শ্রমিক শ্রেণীর জন্য কোদাল গ্রহণ করে

Así surgió el socialismo pequeñoburgués, del que Sismondi era el jefe de esta escuela, no sólo en Francia, sino también en Inglaterra
এইভাবে পেটি-বুর্জোয়া সমাজতন্ত্রের উত্থান ঘটে, যার মধ্যে সিসমন্ডি এই স্কুলের প্রধান ছিলেন, কেবল ফ্রান্সেই নয়, ইংল্যান্ডেও
Esta escuela del socialismo diseccionó con gran agudeza las contradicciones de las condiciones de producción moderna
সমাজতন্ত্রের এই ধারা আধুনিক উৎপাদন ব্যবস্থার দ্বন্দ্বগুলোকে অত্যন্ত তীব্রভাবে ব্যবচ্ছেদ করেছে
Esta escuela puso al descubierto las apologías hipócritas de los economistas
এই স্কুলটি অর্থনীতিবিদদের ভণ্ডামি ক্ষমা প্রার্থনা করেছিল
Esta escuela demostró, incontrovertiblemente, los efectos desastrosos de la maquinaria y de la división del trabajo
যন্ত্রপাতির বিপর্যয়কর প্রভাব এবং শ্রম বিভাজনের বিপর্যয়কর প্রভাব এই বিদ্যালয়টি অকাট্যভাবে প্রমাণ করেছিল
Probó la concentración del capital y de la tierra en pocas manos
পুঁজি ও জমির কেন্দ্রীভবন অল্প হাতে প্রমাণিত হয়
demostró cómo la sobreproducción conduce a las crisis de la burguesía
এটি প্রমাণ করে যে কীভাবে অতিরিক্ত উত্পাদন বুর্জোয়া সংকটের দিকে পরিচালিত করে
señalaba la ruina inevitable de la pequeña burguesía y del campesino
এটি পেটি বুর্জোয়া ও কৃষকের অনিবার্য ধ্বংসকে নির্দেশ করেছিল
la miseria del proletariado, la anarquía en la producción, las desigualdades flagrantes en la distribución de la riqueza
প্রলেতারিয়েতের দুঃখ-দুর্দশা, উৎপাদনে নৈরাজ্য, সম্পদের বণ্টনে হাহাকার বৈষম্য
Mostró cómo el sistema de producción lidera la guerra industrial de exterminio entre naciones
এটি দেখিয়েছিল যে উৎপাদন ব্যবস্থা কীভাবে জাতিগুলির মধ্যে নির্মূলের শিল্প যুদ্ধের নেতৃত্ব দেয়
la disolución de los viejos lazos morales, de las viejas relaciones familiares, de las viejas nacionalidades

পুরাতন নৈতিক বন্ধন, পুরাতন পারিবারিক সম্পর্ক, পুরাতন জাতীয়তার বিলুপ্তি

Sin embargo, en sus objetivos positivos, esta forma de socialismo aspira a lograr una de dos cosas

তবে এর ইতিবাচক লক্ষ্যে, সমাজতন্ত্রের এই রূপটি দুটি জিনিসের একটি অর্জন করতে চায়

o bien pretende restaurar los antiguos medios de producción y de intercambio

হয় এর লক্ষ্য উৎপাদনের পুরনো উপায়-উপকরণ পুনঃপ্রতিষ্ঠা করা এবং বিনিময় করা

y con los viejos medios de producción restauraría las viejas relaciones de propiedad y la vieja sociedad

এবং উৎপাদনের পুরানো উপায়ের সাথে এটি পুরানো সম্পত্তি সম্পর্ক এবং পুরানো সমাজকে পুনরুদ্ধার করবে

o pretende apretar los medios modernos de producción e intercambio en el viejo marco de las relaciones de propiedad

অথবা এর লক্ষ্য উৎপাদনের আধুনিক উপায়গুলিকে সংকুচিত করা এবং সম্পত্তি সম্পর্কের পুরানো কাঠামোর মধ্যে বিনিময় করা

En cualquier caso, es a la vez reaccionario y utópico

উভয় ক্ষেত্রেই, এটি প্রতিক্রিয়াশীল এবং ইউটোপিয়ান উভয়ই

Sus últimas palabras son: gremios corporativos para la manufactura, relaciones patriarcales en la agricultura

এর শেষ কথাগুলি হ'ল: উত্পাদনের জন্য কর্পোরেট গিল্ডস, কৃষিতে পিতৃতান্ত্রিক সম্পর্ক

En última instancia, cuando los obstinados hechos históricos habían dispersado todos los efectos embriagadores del autoengaño

অবশেষে, যখন একগুঁয়ে ঐতিহাসিক ঘটনাগুলি আত্ম-প্রবঞ্চনার সমস্ত নেশাগ্রস্ত প্রভাবগুলি ছড়িয়ে দিয়েছিল

esta forma de socialismo terminó en un miserable ataque de lástima

সমাজতন্ত্রের এই রূপটি করুণার একটি করুণ ফিটে শেষ হয়েছিল

c) Socialismo alemán o "verdadero"

গ) জার্মান বা 'সত্যিকারের' সমাজতন্ত্র

La literatura socialista y comunista de Francia se originó
bajo la presión de una burguesía en el poder

ক্ষমতাসীন বুর্জোয়াদের চাপে ফ্রান্সের সমাজতান্ত্রিক ও কমিউনিস্ট
সাহিত্যের উদ্ভব হয়েছিল

Y esta literatura era la expresión de la lucha contra este
poder

আর এই সাহিত্য ছিল এই ক্ষমতার বিরুদ্ধে সংগ্রামের বহিঃপ্রকাশ

se introdujo en Alemania en un momento en que la
burguesía acababa de comenzar su lucha contra el
absolutismo feudal

এটি এমন এক সময়ে জার্মানিতে প্রবর্তিত হয়েছিল যখন বুর্জোয়ারা
সবেমাত্র সামন্ততান্ত্রিক নিরঙ্কুশতার সাথে তার প্রতিযোগিতা শুরু
করেছিল

Los filósofos alemanes, los aspirantes a filósofos y los beaux
esprits, se apoderaron con avidez de esta literatura

জার্মান দার্শনিক, হবু দার্শনিক এবং বিউক্স এসপ্রিটরা এই সাহিত্যকে
আগ্রহের সাথে গ্রহণ করেছিলেন

pero olvidaron que los escritos emigraron de Francia a
Alemania sin traer consigo las condiciones sociales francesas

কিন্তু তারা ভুলে গিয়েছিল যে লেখাগুলি ফরাসি সামাজিক অবস্থার
সাথে না এনে ফ্রান্স থেকে জার্মানিতে চলে এসেছিল

En contacto con las condiciones sociales alemanas, esta
literatura francesa perdió toda su significación práctica
inmediata

জার্মান সামাজিক অবস্থার সংস্পর্শে এসে এই ফরাসি সাহিত্য তার
তাৎক্ষণিক ব্যবহারিক তাৎপর্য হারিয়ে ফেলে

y la literatura comunista de Francia asumió un aspecto
puramente literario en los círculos académicos alemanes

এবং ফ্রান্সের কমিউনিস্ট সাহিত্য জার্মান একাডেমিক
চেনাশোনাগুলিতে একটি বিশুদ্ধরূপে সাহিত্যিক দিক গ্রহণ করেছিল

Así, las exigencias de la primera Revolución Francesa no
eran más que las exigencias de la "Razón Práctica"

সুতরাং, প্রথম ফরাসি বিপ্লবের দাবি "ব্যবহারিক যুক্তির" দাবি ছাড়া
আর কিছুই ছিল না

y la expresión de la voluntad de la burguesía revolucionaria francesa significaba a sus ojos la ley de la voluntad pura

এবং বিপ্লবী ফরাসি বুর্জোয়াদের ইচ্ছার উচ্চারণ তাদের চোখে বিশুদ্ধ ইচ্ছার আইনকে নির্দেশ করে

significaba la Voluntad tal como estaba destinada a ser; de la verdadera Voluntad humana en general

এটি উইলকে বোঝায় যেমন এটি হতে বাধ্য ছিল; সত্যিকারের মানবিক ইচ্ছা সাধারণত

El mundo de los literatos alemanes consistía únicamente en armonizar las nuevas ideas francesas con su antigua conciencia filosófica

জার্মান সাহিত্যিকদের জগৎ কেবল নতুন ফরাসি ধারণাগুলিকে তাদের প্রাচীন দার্শনিক বিবেকের সাথে সামঞ্জস্যপূর্ণ করার মধ্যে নিহিত ছিল

o mejor dicho, se anexionaron las ideas francesas sin abandonar su propio punto de vista filosófico

অথবা বরং, তারা তাদের নিজস্ব দার্শনিক দৃষ্টিভঙ্গি ত্যাগ না করে ফরাসি ধারণাগুলি সংযুক্ত করেছিল

Esta anexión se llevó a cabo de la misma manera en que se apropia una lengua extranjera, es decir, por traducción

এই সংযুক্তিটি একইভাবে ঘটেছিল যেভাবে একটি বিদেশী ভাষা বরাদ্দ করা হয়, যথা, অনুবাদ দ্বারা

Es bien sabido cómo los monjes escribieron vidas tontas de santos católicos sobre manuscritos

সন্ন্যাসীরা কীভাবে পাণ্ডুলিপির উপর ক্যাথলিক সাধুদের নির্বোধ জীবন লিখেছিলেন তা সর্বজনবিদিত

los manuscritos sobre los que se habían escrito las obras clásicas del antiguo paganismo

যে পাণ্ডুলিপিগুলির উপর প্রাচীন ঐতিহাসিকদের ধ্রুপদী কাজগুলি লেখা হয়েছিল

Los literatos alemanes invirtieron este proceso con la literatura profana francesa

জার্মান সাহিত্যিক অপবিত্র ফরাসি সাহিত্য দিয়ে এই প্রক্রিয়াটি বিপরীত করেছিলেন

Escribieron sus tonterías filosóficas bajo el original francés

তারা ফরাসি মূলের নীচে তাদের দার্শনিক আজেবাজে কথা লিখেছিল

Por ejemplo, debajo de la crítica francesa a las funciones económicas del dinero, escribieron "Alienación de la humanidad"

উদাহরণস্বরূপ, অর্থের অর্থনৈতিক ক্রিয়াকলাপ সম্পর্কে ফরাসিদের সমালোচনার আড়ালে, তারা "মানবতার বিচ্ছিন্নতা" লিখেছিল

debajo de la crítica francesa al Estado burgués escribieron "destronamiento de la categoría de general"

বুর্জোয়া রাষ্ট্রের ফরাসি সমালোচনার নীচে তারা লিখেছিল "জেনারেলের বিভাগের সিংহাসনচ্যুতি"

La introducción de estas frases filosóficas en el reverso de las críticas históricas francesas las denominó:

ফরাসি ঐতিহাসিক সমালোচনার পেছনে এই দার্শনিক বাক্যাংশের ভূমিকা:

"Filosofía de la acción", "Socialismo verdadero", "Ciencia alemana del socialismo", "Fundamentos filosóficos del socialismo", etc

"কর্মের দর্শন", "সত্যিকারের সমাজতন্ত্র", "সমাজতন্ত্রের জার্মান বিজ্ঞান," "সমাজতন্ত্রের দার্শনিক ভিত্তি" ইত্যাদি

De este modo, la literatura socialista y comunista francesa quedó completamente castrada

ফরাসি সমাজতান্ত্রিক ও কমিউনিস্ট সাহিত্য এভাবে সম্পূর্ণরূপে পুরুষত্বহীন হয়ে পড়েছিল

en manos de los filósofos alemanes dejó de expresar la lucha de una clase con la otra

জার্মান দার্শনিকদের হাতে এক শ্রেণীর সাথে অন্য শ্রেণীর সংগ্রাম প্রকাশ করা বন্ধ হয়ে যায়

y así los filósofos alemanes se sintieron conscientes de haber superado la "unilateralidad francesa"

আর তাই জার্মান দার্শনিকরা 'ফরাসি একপেশেতা' কাটিয়ে ওঠার ব্যাপারে সচেতন ছিলেন

no tenía que representar requisitos verdaderos, sino que representaba requisitos de verdad

এটি সত্যিকারের প্রয়োজনীয়তার প্রতিনিধিত্ব করে না, বরং, এটি সত্যের প্রয়োজনীয়তার প্রতিনিধিত্ব করে

no había interés en el proletariado, más bien, había interés en la Naturaleza Humana

প্রলেতারিয়েতের প্রতি আগ্রহ ছিল না, বরং মানব প্রকৃতির প্রতি আগ্রহ ছিল

el interés estaba en el Hombre en general, que no pertenece a ninguna clase y no tiene realidad

আগ্রহ ছিল সাধারণভাবে মানুষের প্রতি, যে কোন শ্রেণীর অন্তর্গত নয়, এবং তার কোন বাস্তবতা নেই

Un hombre que sólo existe en el brumoso reino de la fantasía filosófica

এমন একজন মানুষ যিনি কেবল দার্শনিক কল্পনার কুয়াশাচ্ছন্ন রাজ্যে বিদ্যমান

pero con el tiempo este colegial socialismo alemán también perdió su inocencia pedante

কিন্তু শেষ পর্যন্ত এই স্কুলছাত্র জার্মান সমাজতন্ত্রও তার পেডেন্টিক সরলতা হারিয়েছে

la burguesía alemana, y especialmente la burguesía prusiana, lucharon contra la aristocracia feudal

জার্মান বুর্জোয়া, এবং বিশেষ করে প্রুশিয়ান বুর্জোয়ারা সামন্ততান্ত্রিক অভিজাততন্ত্রের বিরুদ্ধে লড়াই করেছিল

la monarquía absoluta de Alemania y Prusia también estaba siendo combatida

জার্মানি এবং প্রুশিয়ার নিরঙ্কুশ রাজতন্ত্রের বিরুদ্ধেও লড়াই করা হচ্ছিল

Y a su vez, la literatura del movimiento liberal también se hizo más seria

এবং পরিবর্তে, উদারনৈতিক আন্দোলনের সাহিত্যও আরও আন্তরিক হয়ে ওঠে

Se le ofreció a Alemania la tan deseada oportunidad del "verdadero" socialismo

জার্মানির দীর্ঘদিনের আকাঙ্ক্ষিত 'সত্যিকারের' সমাজতন্ত্রের সুযোগ দেওয়া হয়েছিল

la oportunidad de confrontar al movimiento político con las reivindicaciones socialistas

সমাজতান্ত্রিক দাবি সঙ্গে রাজনৈতিক আন্দোলন মোকাবেলা করার সুযোগ

la oportunidad de lanzar los anatemas tradicionales contra el liberalismo

উদারনীতিবাদের বিরুদ্ধে চিরাচরিত অভিশাপ নিক্ষেপ করার সুযোগ

la oportunidad de atacar al gobierno representativo y a la competencia burguesa

প্রতিনিধিত্ব মূলক সরকার এবং বুর্জোয়া প্রতিযোগিতা আক্রমণ করার সুযোগ

Libertad de prensa burguesa, Legislación burguesa, Libertad e igualdad burguesa

বুর্জোয়া সংবাদপত্রের স্বাধীনতা, বুর্জোয়া আইন, বুর্জোয়া স্বাধীনতা ও সাম্য

Todo esto ahora podría ser criticado en el mundo real, en lugar de en la fantasía

এই সমস্ত এখন কল্পনার পরিবর্তে বাস্তব জগতে সমালোচিত হতে পারে

La aristocracia feudal y la monarquía absoluta habían predicado durante mucho tiempo a las masas

সামন্ততান্ত্রিক অভিজাততন্ত্র এবং নিরঙ্কুশ রাজতন্ত্র দীর্ঘকাল ধরে জনগণের কাছে প্রচার করেছিল

"El obrero no tiene nada que perder y tiene todo que ganar"

"শ্রমজীবী মানুষের হারানোর কিছু নেই, এবং তার পাওয়ার সবই আছে"

el movimiento burgués también ofrecía la oportunidad de hacer frente a estos tópicos

বুর্জোয়া আন্দোলনও এই প্ল্যাটিচিউডের মোকাবিলা করার সুযোগ দিয়েছিল

la crítica francesa presuponía la existencia de la sociedad burguesa moderna

ফরাসি সমালোচনা আধুনিক বুর্জোয়া সমাজের অস্তিত্বের পূর্বাভাস দেয়

Las condiciones económicas de existencia de la burguesía y la constitución política de la burguesía

অস্তিত্বের বুর্জোয়া অর্থনৈতিক অবস্থা এবং বুর্জোয়া রাজনৈতিক সংবিধান

las mismas cosas cuya consecución era el objeto de la lucha pendiente en Alemania

যে জিনিসগুলি অর্জন করা জার্মানিতে মুলতুবি সংগ্রামের উদ্দেশ্য ছিল

El estúpido eco del socialismo alemán abandonó estos objetivos justo a tiempo

জার্মানির সমাজতন্ত্রের নির্বোধ প্রতিধ্বনি ঠিক সময়ে এই লক্ষ্যগুলি পরিত্যাগ করেছিল
Los gobiernos absolutos tenían sus seguidores de párrocos, profesores, escuderos y funcionarios
পরম সরকারগুলির পার্সন, অধ্যাপক, দেশীয় স্কোয়ার এবং কর্মকর্তাদের অনুসরণ ছিল
el gobierno de la época se enfrentó a los levantamientos de la clase obrera alemana con azotes y balas
তৎকালীন সরকার জার্মান শ্রমিক শ্রেণীর উত্থানকে বেত্রাঘাত ও বুলেট দিয়ে মোকাবেলা করেছিল
para ellos este socialismo servía de espantapájaros contra la burguesía amenazadora
তাদের কাছে এই সমাজতন্ত্র বিপন্ন বুর্জোয়াদের বিরুদ্ধে একটি স্বাগত স্কেয়ারক্রো হিসাবে কাজ করেছিল
y el gobierno alemán pudo ofrecer un postre dulce después de las píldoras amargas que repartió
এবং জার্মান সরকার তিক্ত বড়ি দেওয়ার পরে একটি মিষ্টি মিষ্টি সরবরাহ করতে সক্ষম হয়েছিল
este "verdadero" socialismo servía así a los gobiernos como arma para combatir a la burguesía alemana
এই "সত্য" সমাজতন্ত্র এইভাবে জার্মান বুর্জোয়াদের বিরুদ্ধে লড়াইয়ের জন্য সরকারগুলিকে একটি অস্ত্র হিসাবে কাজ করেছিল
y, al mismo tiempo, representaba directamente un interés reaccionario; la de los filisteos alemanes
এবং, একই সময়ে, এটি সরাসরি একটি প্রতিক্রিয়াশীল স্বার্থের প্রতিনিধিত্ব করে; জার্মান পলেস্টাইনদের
En Alemania, la pequeña burguesía es la verdadera base social del actual estado de cosas
জার্মানিতে পেটি বুর্জোয়া শ্রেণী হচ্ছে বিদ্যমান অবস্থার প্রকৃত সামাজিক ভিত্তি
Una reliquia del siglo XVI que ha ido surgiendo constantemente bajo diversas formas
ষোড়শ শতাব্দীর একটি ধ্বংসাবশেষ যা ক্রমাগত বিভিন্ন রূপে ফসল ফলিয়ে চলেছে
Preservar esta clase es preservar el estado de cosas existente en Alemania

এই শ্রেণীকে টিকিয়ে রাখা মানে জার্মানিতে বিদ্যমান অবস্থাকে টিকিয়ে রাখা

La supremacía industrial y política de la burguesía amenaza a la pequeña burguesía con una destrucción segura

বুর্জোয়াদের শিল্প ও রাজনৈতিক আধিপত্য পেটি বুর্জোয়াদের নিশ্চিত ধ্বংসের হুমকি দেয়

por un lado, amenaza con destruir a la pequeña burguesía a través de la concentración del capital

একদিকে পুঁজির কেন্দ্রীকরণের মাধ্যমে পেটি বুর্জোয়াদের ধ্বংস করার হুমকি দিচ্ছে

por otra parte, la burguesía amenaza con destruirla mediante el ascenso de un proletariado revolucionario

অন্যদিকে বুর্জোয়ারা বিপ্লবী সর্বহারা শ্রেণীর উত্থানের মাধ্যমে তাকে ধ্বংস করার হুমকি দেয়

El "verdadero" socialismo parecía matar estos dos pájaros de un tiro. Se extendió como una epidemia

'সত্যি' সমাজতন্ত্র এক ঢিলে এই দুই পাখি মারতে হাজির হয়েছিল। মহামারীর মতো ছড়িয়ে পড়েছিল

El manto de telarañas especulativas, bordado con flores de retórica, empapado en el rocío de un sentimiento enfermizo

অলঙ্কারশাস্ত্রের ফুলে এমব্রয়ডারি করা মাকড়সার জালের পোশাক অসুস্থ অনুভূতির শিশিরে ডুবে আছে

esta túnica trascendental en la que los socialistas alemanes envolvían sus tristes "verdades eternas"

এই অতীন্দ্রিয় পোশাক যার মধ্যে জার্মান সমাজতন্ত্রীরা তাদের দুঃখজনক "চিরন্তন সত্য" আবৃত করেছিল

toda la piel y los huesos, sirvieron para aumentar maravillosamente la venta de sus productos entre un público tan

সমস্ত চামড়া এবং হাড়, এই জাতীয় জনসাধারণের মধ্যে তাদের পণ্যগুলির বিক্রয় আশ্চর্যজনকভাবে বৃদ্ধি করতে পরিবেশন করেছিল

Y por su parte, el socialismo alemán reconocía, cada vez más, su propia vocación

এবং অন্যদিকে জার্মান সমাজতন্ত্র তার নিজস্ব আহ্বানকে আরও বেশি করে স্বীকৃতি দিয়েছে

estaba llamado a ser el grandilocuente representante de la pequeña burguesía filistea

এটি পেটি-বুর্জোয়া ফিলিস্টিনের বোম্বাস্টিক প্রতিনিধি হিসাবে ডাকা হয়েছিল

Proclamaba que la nación alemana era la nación modelo, y que el pequeño filisteo alemán era el hombre modelo

এটি জার্মান জাতিকে মডেল জাতি হিসাবে ঘোষণা করেছিল এবং জার্মান পেটি ফিলিস্টাইন মডেল ম্যান হিসাবে ঘোষণা করেছিল

A cada maldad malvada de este hombre modelo le daba una interpretación socialista oculta y superior

এই আদর্শ মানুষের প্রতিটি খলনায়কের কাছে এটি একটি গোপন, উচ্চতর, সমাজতান্ত্রিক ব্যাখ্যা দিয়েছে

esta interpretación socialista superior era exactamente lo contrario de su carácter real

এই উচ্চতর, সমাজতান্ত্রিক ব্যাখ্যা তার আসল চরিত্রের ঠিক বিপরীত ছিল

Llegó al extremo de oponerse directamente a la tendencia "brutalmente destructiva" del comunismo

এটি কমিউনিজমের "নির্মমভাবে ধ্বংসাত্মক" প্রবণতার সরাসরি বিরোধিতা করার চূড়ান্ত পর্যায়ে গিয়েছিল

y proclamó su supremo e imparcial desprecio de todas las luchas de clases

এবং সকল শ্রেণীসংগ্রামের প্রতি চরম ও নিরপেক্ষ অবজ্ঞা ঘোষণা করে

Con muy pocas excepciones, todas las publicaciones llamadas socialistas y comunistas que ahora (1847) circulan en Alemania pertenecen al dominio de esta literatura sucia y enervante

খুব সামান্য কিছু ব্যতিক্রম ছাড়া এখন (১৮৪৭) জার্মানিতে যত তথাকথিত সমাজতান্ত্রিক ও কমিউনিস্ট প্রকাশনা প্রচারিত হয়, তার সবই এই নোংরা ও উদ্দীপনামূলক সাহিত্যের অন্তর্গত

2) Socialismo conservador o socialismo burgués
২) রক্ষণশীল সমাজতন্ত্র বা বুর্জোয়া সমাজতন্ত্র

Una parte de la burguesía está deseosa de reparar los agravios sociales

বুর্জোয়াদের একটি অংশ সামাজিক দুঃখ-কষ্ট নিরসনে আগ্রহী

con el fin de asegurar la continuidad de la sociedad burguesa

বুর্জোয়া সমাজের অব্যাহত অস্তিত্ব সুরক্ষিত করার জন্য

A esta sección pertenecen economistas, filántropos, humanistas

এই অংশে অর্থনীতিবিদ, সমাজসেবী, মানবতাবাদী

mejoradores de la condición de la clase obrera y organizadores de la caridad

শ্রমিক শ্রেণীর অবস্থার উন্নতি এবং দাতব্য প্রতিষ্ঠানের সংগঠকদের

Miembros de las Sociedades para la Prevención de la Crueldad contra los Animales

প্রাণীদের প্রতি নিষ্ঠুরতা প্রতিরোধের জন্য সমিতির সদস্য

fanáticos de la templanza, reformadores de todo tipo imaginable

টেম্পারেন্স ধর্মান্ধ, হরেক রকমের গর্ত-ও-কোণার সংস্কারক

Esta forma de socialismo, además, ha sido elaborada en sistemas completos

সমাজতন্ত্রের এই রূপটি সম্পূর্ণ ব্যবস্থায় কাজ করা হয়েছে

Podemos citar la "Philosophie de la Misère" de Proudhon como ejemplo de esta forma

আমরা এই ফর্মের উদাহরণ হিসাবে প্রুধোঁর "ফিলোসফি দে লা মিসের" উদ্ধৃত করতে পারি

La burguesía socialista quiere todas las ventajas de las condiciones sociales modernas

সমাজতান্ত্রিক বুর্জোয়ারা আধুনিক সমাজ অবস্থার সকল সুবিধা চায়

pero la burguesía socialista no quiere necesariamente las luchas y los peligros resultantes

কিন্তু সমাজতান্ত্রিক বুর্জোয়ারা অগত্যা ফলস্বরূপ সংগ্রাম এবং বিপদ চায় না

Desean el estado actual de la sociedad, menos sus elementos revolucionarios y desintegradores

তারা সমাজের বিদ্যমান অবস্থা চায়, এর বৈপ্লবিক ও বিচ্ছিন্ন উপাদানগুলিকে বাদ দিয়ে

en otras palabras, desean una burguesía sin proletariado

অন্য কথায়, তারা সর্বহারা বিহীন বুর্জোয়া চায়

La burguesía concibe naturalmente el mundo en el que es supremo ser el mejor

বুর্জোয়ারা স্বভাবতই সেই জগৎকে কল্পনা করে যেখানে শ্রেষ্ঠ হওয়াই শ্রেষ্ঠ

y el socialismo burgués desarrolla esta cómoda concepción en varios sistemas más o menos completos

এবং বুর্জোয়া সমাজতন্ত্র এই আরামদায়ক ধারণাকে বিভিন্ন কমবেশি সম্পূর্ণ ব্যবস্থায় বিকশিত করে

les gustaría mucho que el proletariado marchara directamente hacia la Nueva Jerusalén social

তারা খুব চাইবে যে সর্বহারা শ্রেণী সোজা সামাজিক নতুন জেরুজালেমে প্রবেশ করুক

pero en realidad requiere que el proletariado permanezca dentro de los límites de la sociedad existente

কিন্তু বাস্তবে প্রলেতারিয়েতকে বিদ্যমান সমাজের সীমানার মধ্যে থাকতে হবে

piden al proletariado que abandone todas sus ideas odiosas sobre la burguesía

তারা সর্বহারা শ্রেণীকে বুর্জোয়া সম্পর্কে তাদের সমস্ত ঘৃণ্য ধারণা ত্যাগ করতে বলে

hay una segunda forma más práctica, pero menos sistemática, de este socialismo

এই সমাজতন্ত্রের দ্বিতীয় আরও ব্যবহারিক, তবে কম নিয়মতান্ত্রিক, রূপ রয়েছে

Esta forma de socialismo buscaba despreciar todo movimiento revolucionario a los ojos de la clase obrera

সমাজতন্ত্রের এই রূপটি শ্রমিক শ্রেণীর চোখে প্রতিটি বিপ্লবী আন্দোলনকে অবমূল্যায়ন করতে চেয়েছিল

Argumentan que ninguna mera reforma política podría ser ventajosa para ellos

তাদের যুক্তি, নিছক কোনো রাজনৈতিক সংস্কারই তাদের জন্য
কোনো কল্যাণ বয়ে আনতে পারবে না

Sólo un cambio en las condiciones materiales de existencia
en las relaciones económicas es beneficioso

অর্থনৈতিক সম্পর্কের ক্ষেত্রে অস্তিত্বের বস্তুগত অবস্থার পরিবর্তনই
কেবল উপকারী

Al igual que el comunismo, esta forma de socialismo aboga
por un cambio en las condiciones materiales de existencia

কমিউনিজমের মতো, সমাজতন্ত্রের এই রূপটি অস্তিত্বের বস্তুগত
অবস্থার পরিবর্তনের পক্ষে

sin embargo, esta forma de socialismo no sugiere en modo
alguno la abolición de las relaciones de producción
burguesas

যাইহোক, সমাজতন্ত্রের এই রূপটি কোনওভাবেই বুর্জোয়া উৎপাদন
সম্পর্কের বিলুপ্তির ইঙ্গিত দেয় না

la abolición de las relaciones de producción burguesas sólo
puede lograrse mediante una revolución

বুর্জোয়া উৎপাদন সম্পর্কের উচ্ছেদ কেবল বিপ্লবের মাধ্যমেই অর্জন
করা যেতে পারে

Pero en lugar de una revolución, esta forma de socialismo
sugiere reformas administrativas

কিন্তু বিপ্লবের পরিবর্তে সমাজতন্ত্রের এই রূপটি প্রশাসনিক সংস্কারের
পরামর্শ দেয়

y estas reformas administrativas se basarían en la
continuidad de estas relaciones

এবং এই প্রশাসনিক সংস্কারগুলি এই সম্পর্কের অব্যাহত অস্তিত্বের
উপর ভিত্তি করে হবে

reformas, por lo tanto, que no afectan en ningún aspecto a
las relaciones entre el capital y el trabajo

সুতরাং সংস্কার যা কোনোভাবেই পুঁজি ও শ্রমের মধ্যকার সম্পর্ককে
প্রভাবিত করে না

en el mejor de los casos, tales reformas disminuyen el costo
y simplifican el trabajo administrativo del gobierno burgués

সর্বোপরি, এই ধরনের সংস্কারগুলি ব্যয় হ্রাস করে এবং বুর্জোয়া
সরকারের প্রশাসনিক কাজকে সহজ করে তোলে

El socialismo burgués alcanza una expresión adecuada cuando, y sólo cuando, se convierte en una mera figura retórica

বুর্জোয়া সমাজতন্ত্র পর্যাপ্ত অভিব্যক্তি লাভ করে, যখন এবং কেবল তখনই, যখন এটি কেবল বক্তৃতার চিত্র হয়ে ওঠে

Libre comercio: en beneficio de la clase obrera

মুক্ত বাণিজ্য: শ্রমিক শ্রেণীর সুবিধার জন্য

Deberes protectores: en beneficio de la clase obrera

প্রতিরক্ষামূলক কর্তব্য: শ্রমিক শ্রেণীর সুবিধার জন্য

Reforma Penitenciaria: en beneficio de la clase trabajadora

কারাগার সংস্কার: শ্রমিক শ্রেণীর সুবিধার জন্য

Esta es la última palabra y la única palabra seria del socialismo burgués

এটাই বুর্জোয়া সমাজতন্ত্রের শেষ কথা এবং একমাত্র গম্ভীর শব্দ

Se resume en la frase: la burguesía es una burguesía en beneficio de la clase obrera

এর সারমর্ম এই বাক্যাংশে বলা হয়েছেঃ বুর্জোয়ারা শ্রমিক শ্রেণীর সুবিধার জন্য বুর্জোয়া

3) Socialismo crítico-utópico y comunismo
৩) ক্রিটিক্যাল-ইউটোপিয়ান সোশ্যালিজম অ্যান্ড কমিউনিজম

No nos referimos aquí a esa literatura que siempre ha dado voz a las reivindicaciones del proletariado
আমরা এখানে সেই সাহিত্যের কথা উল্লেখ করছি না যা সর্বহারা শ্রেণীর দাবির প্রতি সর্বদা কণ্ঠস্বর দিয়েছে
esto ha estado presente en todas las grandes revoluciones modernas, como los escritos de Babeuf y otros
এটি প্রতিটি মহান আধুনিক বিপ্লবে উপস্থিত ছিল, যেমন বাবুফ এবং অন্যদের লেখায়
Las primeras tentativas directas del proletariado para alcanzar sus propios fines fracasaron necesariamente
প্রলেতারিয়েতের নিজস্ব লক্ষ্য অর্জনের প্রথম প্রত্যক্ষ প্রচেষ্টা অনিবার্যভাবে ব্যর্থ হয়েছিল
Estos intentos se hicieron en tiempos de excitación universal, cuando la sociedad feudal estaba siendo derrocada
এই প্রচেষ্টাগুলি সর্বজনীন উত্তেজনার সময়ে করা হয়েছিল, যখন সামন্ততান্ত্রিক সমাজকে উৎখাত করা হচ্ছিল
El entonces subdesarrollado del proletariado llevó a que fracasaran esos intentos
সর্বহারা শ্রেণীর তৎকালীন অনুন্নত অবস্থা সেই প্রচেষ্টাগুলি ব্যর্থ করে দেয়
y fracasaron por la ausencia de las condiciones económicas para su emancipación
এবং এর মুক্তির জন্য অর্থনৈতিক অবস্থার অনুপস্থিতির কারণে তারা ব্যর্থ হয়েছিল
condiciones que aún no se habían producido, y que sólo podían ser producidas por la inminente época de la burguesía
যে শর্তগুলি এখনও উত্পাদিত হয়নি এবং আসন্ন বুর্জোয়া যুগ একাই উত্পাদিত হতে পারে
La literatura revolucionaria que acompañó a estos primeros movimientos del proletariado tuvo necesariamente un carácter reaccionario

সর্বহারা শ্রেণীর এই প্রথম আন্দোলনের সাথে যে বিপ্লবী সাহিত্য ছিল তার অবশ্যই একটি প্রতিক্রিয়াশীল চরিত্র ছিল

Esta literatura inculcó el ascetismo universal y la nivelación social en su forma más cruda

এই সাহিত্য সর্বজনীন তপস্যা এবং সামাজিক স্তরকে তার নিষ্ঠুরতম রূপে জাগিয়ে তুলেছিল

Los sistemas socialista y comunista, propiamente dichos, surgen en el período temprano no desarrollado

সমাজতান্ত্রিক ও কমিউনিস্ট ব্যবস্থা, যথাযথভাবে তথাকথিত, প্রাথমিক অনুন্নত যুগে অস্তিত্ব লাভ করে

Saint-Simon, Fourier, Owen y otros, describieron la lucha entre el proletariado y la burguesía (ver sección 1)

সেন্ট-সাইমন, ফুরিয়ার, ওয়েন এবং অন্যান্যরা সর্বহারা ও বুর্জোয়াদের মধ্যে সংগ্রামের বর্ণনা দিয়েছেন (বিভাগ 1 দেখুন)

Los fundadores de estos sistemas ven, en efecto, los antagonismos de clase

এই ব্যবস্থার প্রতিষ্ঠাতারা প্রকৃতপক্ষে শ্রেণী বিরোধিতা দেখতে পান

también ven la acción de los elementos en descomposición, en la forma predominante de la sociedad

তারা সমাজের প্রচলিত রূপে পচনশীল উপাদানগুলির ক্রিয়াও দেখতে পায়

Pero el proletariado, todavía en su infancia, les ofrece el espectáculo de una clase sin ninguna iniciativa histórica

কিন্তু প্রলেতারিয়েত তার শৈশবেই তাদের এমন এক শ্রেণীর দর্শন উপহার দেয় যার কোন ঐতিহাসিক উদ্যোগ নেই

Ven el espectáculo de una clase social sin ningún movimiento político independiente

তারা কোন স্বাধীন রাজনৈতিক আন্দোলন ছাড়া একটি সামাজিক শ্রেণীর চমক দেখতে পায়

El desarrollo del antagonismo de clase sigue el mismo ritmo que el desarrollo de la industria

শ্রেণী বৈরিতার বিকাশ শিল্পের বিকাশের সাথে সমান তাল মিলিয়ে চলে

De modo que la situación económica no les ofrece todavía las condiciones materiales para la emancipación del proletariado

সুতরাং অর্থনৈতিক পরিস্থিতি এখনও তাদের সর্বহারা শ্রেণীর মুক্তির জন্য বস্তুগত শর্ত দেয় না

Por lo tanto, buscan una nueva ciencia social, nuevas leyes sociales, que creen estas condiciones

তাই তারা এক নতুন সামাজিক বিজ্ঞানের সন্ধান করে, নতুন সামাজিক নিয়মের পেছনে, যা এই অবস্থার সৃষ্টি করবে

acción histórica es ceder a su acción inventiva personal

ঐতিহাসিক কর্ম তাদের ব্যক্তিগত উদ্ভাবনী কর্ম আত্মসমর্পণ করা হয়

Las condiciones de emancipación creadas históricamente han de ceder ante condiciones fantásticas

ঐতিহাসিকভাবে সৃষ্ট মুক্তির শর্ত হলো চমৎকার অবস্থার কাছে হার মানতে হবে

y la organización gradual y espontánea de clase del proletariado debe ceder ante la organización de la sociedad

আর প্রলেতারিয়েতের ক্রমবর্ধমান, স্বতঃস্ফূর্ত শ্রেণি-সংগঠন হচ্ছে সমাজ সংগঠনের কাছে আত্মসমর্পণ করা

la organización de la sociedad especialmente ideada por estos inventores

এই উদ্ভাবকদের দ্বারা বিশেষভাবে তৈরি সমাজের সংগঠন

La historia futura se resuelve, a sus ojos, en la propaganda y en la realización práctica de sus planes sociales

ভবিষ্যতের ইতিহাস তাদের চোখে তাদের সামাজিক পরিকল্পনার প্রচার ও বাস্তব বাস্তবায়নে নিজেকে স্থির করে

En la formación de sus planes son conscientes de preocuparse principalmente por los intereses de la clase obrera

তাদের পরিকল্পনা প্রণয়নে তারা প্রধানত শ্রমিক শ্রেণীর স্বার্থের প্রতি যত্নশীল হওয়ার বিষয়ে সচেতন

Sólo desde el punto de vista de ser la clase más sufriente existe el proletariado para ellos

কেবল সবচেয়ে দুঃখী শ্রেণী হওয়ার দৃষ্টিকোণ থেকে তাদের জন্য সর্বহারা শ্রেণীর অস্তিত্ব রয়েছে

El estado subdesarrollado de la lucha de clases y su propio entorno informan sus opiniones

শ্রেণীসংগ্রামের অনুন্নত অবস্থা এবং তাদের নিজস্ব পারিপার্শ্বিকতা তাদের মতামতকে অবহিত করে

Los socialistas de este tipo se consideran muy superiores a todos los antagonismos de clase
এই ধরনের সমাজতন্ত্রীরা নিজেদেরকে সকল শ্রেণী বিরোধের চেয়ে অনেক শ্রেষ্ঠ মনে করে
Quieren mejorar la condición de todos los miembros de la sociedad, incluso la de los más favorecidos
তারা সমাজের প্রতিটি সদস্যের, এমনকি সবচেয়ে সুবিধাপ্রাপ্ত সদস্যের অবস্থার উন্নতি করতে চায়
De ahí que habitualmente atraigan a la sociedad en general, sin distinción de clase
অতএব, তারা অভ্যাসগতভাবে শ্রেণী ভেদাভেদ ছাড়াই বৃহত্তর সমাজের কাছে আবেদন করে
Es más, apelan a la sociedad en general con preferencia a la clase dominante
বরং তারা শাসক শ্রেণীকে প্রাধান্য দিয়ে বৃহত্তর সমাজের কাছে আবেদন করে
Para ellos, todo lo que se requiere es que los demás entiendan su sistema
তাদের জন্য, এটি যা প্রয়োজন তা হ'ল অন্যদের তাদের সিস্টেমটি বোঝা
Porque, ¿cómo puede la gente no ver que el mejor plan posible es para el mejor estado posible de la sociedad?
কারণ মানুষ কীভাবে এটা বুঝতে ব্যর্থ হতে পারে যে সমাজের সর্বোত্তম সম্ভাব্য রাষ্ট্রের জন্য সর্বোত্তম সম্ভাব্য পরিকল্পনা?
Por lo tanto, rechazan toda acción política, y especialmente toda acción revolucionaria
তাই তারা সকল রাজনৈতিক, বিশেষ করে সকল বিপ্লবী কর্মকাণ্ডকে প্রত্যাখ্যান করে
desean alcanzar sus fines por medios pacíficos
তারা শান্তিপূর্ণ উপায়ে তাদের লক্ষ্য অর্জন করতে চায়
se esfuerzan, mediante pequeños experimentos, que están necesariamente condenados al fracaso
তারা ছোট ছোট পরীক্ষা-নিরীক্ষার মাধ্যমে চেষ্টা করে, যা অনিবার্যভাবে ব্যর্থতার জন্য ধ্বংস হয়ে যায়
y con la fuerza del ejemplo tratan de abrir el camino al nuevo Evangelio social

এবং উদাহরণের জোরে তারা নতুন সামাজিক সুসমাচারের পথ প্রশস্ত করার চেষ্টা করে

Cuadros tan fantásticos de la sociedad futura, pintados en un momento en que el proletariado se encuentra todavía en un estado muy subdesarrollado

ভবিষ্যৎ সমাজের এমন চমৎকার ছবি, এমন এক সময়ে আঁকা যখন প্রলেতারিয়েত এখনো খুবই অনুন্নত অবস্থায় রয়েছে

y todavía no tiene más que una concepción fantástica de su propia posición

এবং এটি এখনও তার নিজস্ব অবস্থান সম্পর্কে একটি কল্পনাপ্রসূত ধারণা আছে

pero sus primeros anhelos instintivos corresponden a los anhelos del proletariado

কিন্তু তাদের প্রথম সহজাত আকাঙ্ক্ষা সর্বহারা শ্রেণীর আকাঙ্ক্ষার সাথে মিলে যায়

Ambos anhelan una reconstrucción general de la sociedad

উভয়ই সমাজের সাধারণ পুনর্গঠনের জন্য আকাঙ্ক্ষা করে

Pero estas publicaciones socialistas y comunistas también contienen un elemento crítico

কিন্তু এই সমাজতান্ত্রিক ও কমিউনিস্ট প্রকাশনাগুলিতে একটি সমালোচনামূলক উপাদানও রয়েছে

Atacan todos los principios de la sociedad existente

তারা বিদ্যমান সমাজের প্রতিটি নীতিকে আক্রমণ করে

De ahí que estén llenos de los materiales más valiosos para la ilustración de la clase obrera

তাই তারা শ্রমিক শ্রেণীর জ্ঞানার্জনের জন্য সবচেয়ে মূল্যবান উপকরণে পূর্ণ

Proponen la abolición de la distinción entre la ciudad y el campo, y la familia

তারা শহর ও দেশ এবং পরিবারের মধ্যে পার্থক্য বিলুপ্তির প্রস্তাব দেয়

la supresión de la explotación de industrias por cuenta de los particulares

ব্যক্তিগত ব্যক্তির হিসাবের জন্য শিল্প পরিচালনার বিলুপ্তি

y la abolición del sistema salarial y la proclamación de la armonía social

এবং মজুরি ব্যবস্থার বিলুপ্তি ও সামাজিক সম্প্রীতির ঘোষণা

la conversión de las funciones del Estado en una mera superintendencia de la producción
রাষ্ট্রের কার্যাবলীকে উৎপাদনের নিছক তত্ত্বাবধানে রূপান্তর
Todas estas propuestas, apuntan únicamente a la desaparición de los antagonismos de clase
এই সমস্ত প্রস্তাব কেবল শ্রেণী বিরোধের অন্তর্ধানের দিকেই ইঙ্গিত করে
Los antagonismos de clase estaban, en ese momento, apenas surgiendo
সেই সময় শ্রেণী বিরোধিতা কেবল মাত্রই গড়ে উঠেছিল
En estas publicaciones estos antagonismos de clase se reconocen sólo en sus formas más tempranas, indistintas e indefinidas
এই প্রকাশনাগুলিতে এই শ্রেণী বিরোধিতাগুলি কেবল তাদের প্রাচীন, অস্পষ্ট এবং অসংজ্ঞায়িত রূপে স্বীকৃত হয়
Estas propuestas, por lo tanto, son de carácter puramente utópico
সুতরাং এই প্রস্তাবগুলি সম্পূর্ণরূপে ইউটোপিয়ান চরিত্রের
La importancia del socialismo crítico-utópico y del comunismo guarda una relación inversa con el desarrollo histórico
সমালোচনামূলক-কল্পলৌকিক সমাজতন্ত্র এবং কমিউনিজমের তাৎপর্য ঐতিহাসিক বিকাশের সাথে একটি বিপরীত সম্পর্ক বহন করে
La lucha de clases moderna se desarrollará y continuará tomando forma definitiva
আধুনিক শ্রেণীসংগ্রাম বিকশিত হবে এবং নির্দিষ্ট আকার ধারণ করতে থাকবে
Esta fantástica posición del concurso perderá todo valor práctico
প্রতিযোগিতা থেকে এই চমত্কার স্ট্যান্ডিং সমস্ত ব্যবহারিক মূল্য হারাবে
Estos fantásticos ataques a los antagonismos de clase perderán toda justificación teórica
শ্রেণী বিরোধের উপর এই কল্পনাপ্রসূত আক্রমণ সমস্ত তাত্ত্বিক ন্যায্যতা হারাবে

Los creadores de estos sistemas fueron, en muchos aspectos, revolucionarios

এই ব্যবস্থার প্রবর্তকরা অনেক ক্ষেত্রেই বিপ্লবী ছিলেন

pero sus discípulos han formado, en todos los casos, meras sectas reaccionarias

কিন্তু তাদের শিষ্যরা প্রতিটি ক্ষেত্রেই নিছক প্রতিক্রিয়াশীল সম্প্রদায় গঠন করেছে

Se aferran firmemente a los puntos de vista originales de sus amos

তারা তাদের প্রভুদের মূল মতামতকে শক্তভাবে ধরে রাখে

Pero estos puntos de vista se oponen al desarrollo histórico progresivo del proletariado

কিন্তু এই মতামত সর্বহারা শ্রেণীর প্রগতিশীল ঐতিহাসিক বিকাশের বিরোধী

Por lo tanto, se esfuerzan, y eso de manera consecuente, por amortiguar la lucha de clases

তাই তারা শ্রেণী সংগ্রামকে মৃত করার চেষ্টা করে এবং তা ধারাবাহিকভাবে করে

y se esfuerzan constantemente por reconciliar los antagonismos de clase

এবং তারা ক্রমাগত শ্রেণী বিরোধের মীমাংসা করার চেষ্টা করে

Todavía sueñan con la realización experimental de sus utopías sociales

তারা এখনও তাদের সামাজিক ইউটোপিয়াসের পরীক্ষামূলক বাস্তবায়নের স্বপ্ন দেখে

todavía sueñan con fundar "falansterios" aislados y establecer "colonias domésticas"

তারা এখনও বিচ্ছিন্ন "ফ্যালানস্টার" প্রতিষ্ঠা এবং "হোম কলোনি" প্রতিষ্ঠার স্বপ্ন দেখে

sueñan con establecer una "Pequeña Icaria": ediciones duodécimas de la Nueva Jerusalén

তারা একটি "লিটল ইকারিয়া" স্থাপনের স্বপ্ন দেখে - নতুন জেরুজালেমের দ্বৈত সংস্করণ

y sueñan con realizar todos estos castillos en el aire

এবং তারা বাতাসে এই সমস্ত দুর্গ উপলব্ধি করার স্বপ্ন দেখে

se ven obligados a apelar a los sentimientos y a las carteras de los burgueses

তারা বুর্জোয়াদের অনুভূতি ও থলির কাছে আবেদন করতে বাধ্য হয়

Poco a poco se hunden en la categoría de los socialistas conservadores reaccionarios descritos anteriormente

ডিগ্রী দ্বারা তারা উপরে বর্ণিত প্রতিক্রিয়াশীল রক্ষণশীল সমাজতন্ত্রীদের বিভাগে ডুবে যায়

sólo se diferencian de ellos por una pedantería más sistemática

তারা শুধুমাত্র আরো নিয়মতান্ত্রিক পেডেন্ট্রি দ্বারা এই থেকে পৃথক

y se diferencian por su creencia fanática y supersticiosa en los efectos milagrosos de su ciencia social

এবং তারা তাদের সামাজিক বিজ্ঞানের অলৌকিক প্রভাবগুলিতে তাদের ধর্মান্ধ এবং কুসংস্কারাচ্ছন্ন বিশ্বাসের কারণে পৃথক হয়

Por lo tanto, se oponen violentamente a toda acción política por parte de la clase obrera

তাই তারা শ্রমিক শ্রেণীর পক্ষ থেকে সমস্ত রাজনৈতিক পদক্ষেপের হিংস্রভাবে বিরোধিতা করে

tal acción, según ellos, sólo puede ser el resultado de una ciega incredulidad en el nuevo Evangelio

তাদের মতে, এই ধরনের পদক্ষেপ শুধুমাত্র নতুন সুসমাচারের প্রতি অন্ধ অবিশ্বাসের ফলস্বরূপ হতে পারে

Los owenistas en Inglaterra y los fourieristas en Francia, respectivamente, se oponen a los cartistas y a los reformistas

ইংল্যান্ডের ওয়েনাইটস এবং ফ্রান্সের ফুরিয়ারিস্টরা যথাক্রমে চার্টিস্ট এবং "রিফর্মিস্টস" এর বিরোধিতা করে

Posición de los comunistas en relación con los diversos partidos de oposición existentes
বিদ্যমান বিভিন্ন বিরোধী দলের সাথে কমিউনিস্টদের অবস্থান

La sección II ha dejado claras las relaciones de los comunistas con los partidos obreros existentes
দ্বিতীয় অধ্যায়ে বিদ্যমান শ্রমিক শ্রেণীর পার্টিগুলির সাথে কমিউনিস্টদের সম্পর্ক স্পষ্ট করা হয়েছে
como los cartistas en Inglaterra y los reformadores agrarios en América
যেমন ইংল্যান্ডের চার্টিস্টরা এবং আমেরিকার কৃষি সংস্কারক
Los comunistas luchan por el logro de los objetivos inmediatos
কমিউনিস্টরা আশু লক্ষ্য অর্জনের জন্য লড়াই করে
Luchan por la imposición de los intereses momentáneos de la clase obrera
তারা শ্রমিক শ্রেণীর ক্ষণস্থায়ী স্বার্থ বাস্তবায়নের জন্য লড়াই করে
Pero en el movimiento político del presente, también representan y cuidan el futuro de ese movimiento
কিন্তু বর্তমানের রাজনৈতিক আন্দোলনে তারাও সেই আন্দোলনের প্রতিনিধিত্ব করে এবং ভবিষ্যতের যত্ন নেয়
En Francia, los comunistas se alían con los socialdemócratas
ফ্রান্সে কমিউনিস্টরা সোশ্যাল ডেমোক্রাটদের সাথে মিত্রতা করে
y se posicionan contra la burguesía conservadora y radical
এবং তারা রক্ষণশীল ও মৌলবাদী বুর্জোয়াদের বিরুদ্ধে নিজেদের অবস্থান নেয়
sin embargo, se reservan el derecho de tomar una posición crítica respecto de las frases e ilusiones tradicionalmente transmitidas desde la gran Revolución
যাইহোক, তারা মহান বিপ্লব থেকে ঐতিহ্যগতভাবে হস্তান্তরিত বাক্যাংশ এবং বিভ্রম সম্পর্কে একটি সমালোচনামূলক অবস্থান গ্রহণ করার অধিকার সংরক্ষণ করে
En Suiza apoyan a los radicales, sin perder de vista que este partido está formado por elementos antagónicos
সুইজারল্যান্ডে তারা র‍্যাডিক্যালদের সমর্থন করে, এই দলটি যে বিরোধী উপাদানগুলির সমন্বয়ে গঠিত তা ভুলে না গিয়ে

en parte de los socialistas democráticos, en el sentido
francés, en parte de la burguesía radical

কিছুটা ফরাসি অর্থে ডেমোক্র্যাটিক সোশ্যালিস্টদের, কিছুটা র
্যাডিক্যাল বুর্জোয়াদের

En Polonia apoyan al partido que insiste en la revolución
agraria como condición primordial para la emancipación
nacional

পোল্যান্ডে তারা সেই পার্টিকে সমর্থন করে যারা জাতীয় মুক্তির প্রধান
শর্ত হিসাবে কৃষি বিপ্লবের উপর জোর দেয়

el partido que fomentó la insurrección de Cracovia en 1846

যে পার্টি ১৮৪৬ সালে Crako এর অভ্যুত্থানকে উস্কে দিয়েছিল

En Alemania luchan con la burguesía cada vez que ésta actúa
de manera revolucionaria

জার্মানিতে বুর্জোয়ারা যখনই বিপ্লবী আচরণ করে তখনই তাদের
সাথে লড়াই করে

contra la monarquía absoluta, la nobleza feudal y la pequeña
burguesía

নিরঙ্কুশ রাজতন্ত্র, সামন্ততান্ত্রিক স্কোয়ারার্কি এবং পেটি বুর্জোয়াদের
বিরুদ্ধে

Pero no cesan, ni por un solo instante, de inculcar en la clase
obrera una idea particular

কিন্তু শ্রমিক শ্রেণীর মধ্যে একটি বিশেষ ধারণা ঢুকিয়ে দিতে তারা
এক মুহূর্তের জন্যও বিরত থাকে না

el reconocimiento más claro posible del antagonismo hostil
entre la burguesía y el proletariado

বুর্জোয়া ও প্রলেতারিয়েতের মধ্যে বৈরী বিরোধের সুস্পষ্ট স্বীকৃতি

para que los obreros alemanes puedan utilizar
inmediatamente las armas de que disponen

যাতে জার্মান শ্রমিকরা সরাসরি তাদের নিষ্পত্তি করা অস্ত্রগুলি
ব্যবহার করতে পারে

las condiciones sociales y políticas que la burguesía debe
introducir necesariamente junto con su supremacía

যে সামাজিক ও রাজনৈতিক শর্ত বুর্জোয়াদের অবশ্যই তার
আধিপত্যের সাথে সাথে প্রবর্তন করতে হবে

la caída de las clases reaccionarias en Alemania es inevitable

জার্মানিতে প্রতিক্রিয়াশীল শ্রেণীর পতন অনিবার্য

y entonces la lucha contra la burguesía misma puede
comenzar inmediatamente

এবং তারপর বুর্জোয়াদের বিরুদ্ধে লড়াই অবিলম্বে শুরু হতে পারে

Los comunistas dirigen su atención principalmente a
Alemania, porque este país está en vísperas de una
revolución burguesa

কমিউনিস্টরা প্রধানত জার্মানির দিকে মনোযোগ দেয়, কারণ সে
দেশ বুর্জোয়া বিপ্লবের প্রাক্কালে

una revolución que está destinada a llevarse a cabo en las
condiciones más avanzadas de la civilización europea

একটি বিপ্লব যা ইউরোপীয় সভ্যতার আরও উন্নত অবস্থার অধীনে
পরিচালিত হতে বাধ্য

y está destinado a llevarse a cabo con un proletariado mucho
más desarrollado

এবং তা আরও উন্নত প্রলেতারিয়েতের সাথে পরিচালিত হতে বাধ্য

un proletariado más avanzado que el de Inglaterra en el
XVII y el de Francia en el siglo XVIII

সপ্তদশ শতাব্দীতে ইংল্যান্ড এবং অষ্টাদশ শতাব্দীতে ফ্রান্সের চেয়ে
আরও উন্নত একটি প্রলেতারিয়েত

y porque la revolución burguesa en Alemania no será más
que el preludio de una revolución proletaria
inmediatamente posterior

এবং কারণ জার্মানিতে বুর্জোয়া বিপ্লব হবে অব্যবহিত পরবর্তী
সর্বহারা বিপ্লবের সূচনা মাত্র

En resumen, los comunistas apoyan en todas partes todo
movimiento revolucionario contra el orden social y político
existente

সংক্ষেপে বলা যায়, কমিউনিস্টরা সর্বত্রই বর্তমান সামাজিক ও
রাজনৈতিক ব্যবস্থার বিরুদ্ধে প্রতিটি বিপ্লবী আন্দোলন সমর্থন করে

En todos estos movimientos ponen en primer plano, como
cuestión principal en cada uno de ellos, la cuestión de la
propiedad

এই সমস্ত আন্দোলনে তারা সম্পত্তির প্রশ্নকে সামনে নিয়ে আসে

no importa cuál sea su grado de desarrollo en ese país en ese
momento

সে দেশে সে দেশের উন্নয়নের মাত্রা যাই হোক না কেন

Finalmente, trabajan en todas partes por la unión y el
acuerdo de los partidos democráticos de todos los países
পরিশেষে, তারা সব দেশের গণতান্ত্রিক পার্টিগুলোর ঐক্য ও
সমঝোতার জন্য সর্বত্র কাজ করে
Los comunistas desdeñan ocultar sus puntos de vista y sus
objetivos
কমিউনিস্টরা তাদের মতামত ও উদ্দেশ্য গোপন করতে ঘৃণা করে
Declaran abiertamente que sus fines sólo pueden alcanzarse
mediante el derrocamiento por la fuerza de todas las
condiciones sociales existentes
তারা খোলাখুলিভাবে ঘোষণা করে যে, শুধুমাত্র বিদ্যমান সকল
সামাজিক অবস্থার জোরপূর্বক উচ্ছেদের মাধ্যমেই তাদের লক্ষ্য
অর্জন করা সম্ভব
Que las clases dominantes tiemblen ante una revolución
comunista
কমিউনিস্ট বিপ্লবে শাসক শ্রেণী কেঁপে উঠুক
Los proletarios no tienen nada que perder más que sus
cadenas
প্রলেতারিয়েতদের শিকল ছাড়া হারানোর কিছু নেই
Tienen un mundo que ganar
তাদের জয় করার মতো একটা পৃথিবী আছে
¡TRABAJADORES DE TODOS LOS PAÍSES, UNÍOS!
সব দেশের শ্রমজীবী মানুষেরা, এক হও!